사라지는 돈
쌓이는 돈

ⓒ 이창운·이상화, 2025

초판 1쇄 발행 2025년 11월 19일

지은이	이창운·이상화
펴낸이	이기봉
편집	좋은땅 편집팀
펴낸곳	도서출판 좋은땅
주소	서울특별시 마포구 양화로12길 26 지월드빌딩 (서교동 395-7)
전화	02)374-8616~7
팩스	02)374-8614
이메일	gworldbook@naver.com
홈페이지	www.g-world.co.kr

ISBN 979-11-388-4948-7 (03320)

- 가격은 뒤표지에 있습니다.
- 이 책은 저작권법에 의하여 보호를 받는 저작물이므로 무단 전재와 복제를 금합니다.
- 파본은 구입하신 서점에서 교환해 드립니다.

돈의 방향을 바꾸면, 당신의 미래도 달라진다

사라지는 돈
쌓이는 돈

소비하는 당신을 투자자로 바꾸는
돈의 구조 해설서

이창운 · 이상화 지음

"당신의 통장에서 사라지는 돈은, 누군가의 자산이 된다."

돈의 '흐름'을 이해하는 순간, 소비자는 투자자가 된다.
지출의 방향을 바꾸는 구조적 자산 설계서.

좋은땅

프롤로그

돈은 사라지는 것이 아니라, 흘러가는 것이다.

우리는 흔히 돈이 '없어진다'고 말한다. 월급날이 지나면 통장이 텅 비고, 며칠 새 신용카드는 한도를 향해 달린다. 하지만 그 돈은 사라진 것이 아니다. 단지 다른 방향으로 흘러간 것뿐이다. 커피값으로, 통신비로, 구독료와 배달비로. 나의 일상 속 지출은 누군가의 수익이 되었고, 그 수익은 어떤 이의 자산으로 다시 쌓였을 것이다. 문제는 이 흐름에서 나는 항상 '출구'에만 존재하고, '입구'로는 거의 서 본 적이 없다는 사실이다.

이 책은 바로 그 흐름의 방향을 바꾸는 이야기다. 돈을 더 많이 버는 법, 더 적게 쓰는 법이 아니라, 지금 이미 쓰고 있는 돈의 구조를 바꾸는 전략이다. 우리가 매달 지불하는 통신비와 커피값, 정기 구독료와 학원비는 반복되는 고정지출이다. 그러나 그 고정성을 활용해 자산의 고정 구조를 설계할 수 있다면, 돈은 더 이상 빠져나가기만 하는 존재가 아니라, 돌아오는 순환의 일부가 될 수 있다. 소비는 곧 투자로 바뀔 수 있고, 나의 일상이 곧 자산 설계의 기초가 될 수 있다.

많은 사람이 자산을 만들기 위해 '새로운 수단'을 찾는다. 하지만 진짜 중요한 전략은 새로운 것이 아니라 '익숙한 것에 대한 태도'에 있다. 이미 알고 있는 브랜드, 이미 지불하고 있는 서비스, 이미 반복하고 있는 습관들 — 그것을 자산의 언어로 읽을 수 있는 능력이 진짜 금융 감각이다. 주식도, ETF도, 리츠도 사실은 멀리 있는 상품이 아니라, 나의 지출이 만들어 낸 수익의 반대편에서 작동하고 있는 구조일 뿐이다.

『사라지는 돈, 쌓이는 돈』은 누구나 돈의 흐름 속에서 '방향'을 바꿀 수 있다는 메시지를 전하고자 한다. 그 변화는 통장을 바꾸는 일이 아니라, 관점을 바꾸는 일이다. 돈이 사라지는 것이 아니라, 흘러가고 있다는 사실을 받아들이는 순간부터, 우리는 흐름에 휩쓸리는 사람이 아니라, 흐름을 설계하는 사람이 될 수 있다. 이제 당신의 소비가, 당신의 자산이 되는 구조를 함께 만들어 보자.

목차

프롤로그 ··· 4

제1부 당신의 돈은 어디로 가고 있는가?

제1장. 월급은 왜 모이지 않는가 — 나도 모르게 줄어드는 구조 ··· 16
  1.1 들어오자마자 사라지는 돈의 흐름 ··· 16
  1.2 수입은 있는데 자산이 없는 이유 ··· 18
  1.3 예금은 정말 안전할까? ··· 20

제2장. 나는 자본에 기여할 뿐인가
    — 소비자와 자본의 구조적 차이 ··· 23
  2.1 소비자는 왜 늘 불리한가 ··· 23
  2.2 소비는 자본에 투표하는 행위다 ··· 25
  2.3 국민연금도 투자한다면, 나는 왜 못할까 ··· 27

제3장. 돈은 어디서 만들어지고 누구에게 흘러가는가
    — 자본의 흐름을 읽는 힘 ··· 30
  3.1 현대 자본주의는 중간시장이 결정한다 ··· 30
  3.2 나는 직접 투자자가 아니어도 투자자다 ··· 32
  3.3 돈의 흐름을 이해하는 자가 미래를 지배한다 ··· 34
  3.4 소비에서 자산으로
      — 흐름을 지배하는 구조적 이론 (심화학습) ··· 36

제2부 당신은 누구인가 — 조건에 맞는 투자 전략 찾기

제1장. 100만 원으로도 가능한가 — 소액 투자자의 첫걸음 ··· 40
    1.1 돈이 적다고 투자하지 말란 법은 없다 ··· 40
    1.2 첫 투자에서 '잃지 않는 법'이 더 중요하다 ··· 42
    1.3 커피값으로 사는 미국 주식 한 조각 ··· 44

제2장. 500~3,000만 원, 전략이 필요해지는 시점 ··· 46
    2.1 이제는 구조가 필요하다 — 자산 분산의 기초 ··· 46
    2.2 배당형 ETF, 적립식 펀드, 리츠는 어디까지?
        — 현금흐름 중심 설계 ··· 48
    2.3 ISA와 연금저축의 골든타임 — 절세 구조의 입구 이해 ··· 50
    2.4 자산 성장과 절세의 분기점 — 흐름을 나누는 힘 (심화학습) ··· 52

제3장. 5,000만 원 이상, 투자보다 리스크 관리의 시대 ··· 55
    3.1 돈이 많아질수록 '지킨다'는 감각이 중요해진다 ··· 55
    3.2 커버드콜, 채권, 로보어드바이저의 조합
        — 보수적 자산 운용 전략 ··· 57
    3.3 고액자산가가 먼저 알아보는 구조
        — 세금, 구조, 비상장 · PEF까지 ··· 59

제3부 나는 왜 투자하는가 — 목적별 전략 가이드

제1장. 매달 들어오는 돈이 필요하다면 — 배당 전략의 모든 것 ··· 64
    1.1 배당은 '수익률'이 아니라 '생활구조'다 ··· 64
    1.2 고배당주, 월배당 ETF, 리츠… 무엇이 다를까? ··· 66
    1.3 커버드콜 전략의 진짜 구조 — 월지급 구조 해설 ··· 68

제2장. 내 돈을 불리고 싶다면 — 성장형 투자 전략 ··· 71
    2.1 인덱스 투자란 결국 '시장을 사는 것'이다 ··· 71
    2.2 S&P500, 나스닥100, 테크 ETF — 대표적 성장엔진들 ··· 73
    2.3 적립식 투자, 테마 ETF, 글로벌 분산전략 실전 편성 ··· 76

제3장. 세금을 이기는 투자 — 절세형 전략 설계 ··· 78
    3.1 세금이 수익을 잠식한다 — 절세는 '벌기'보다 먼저 ··· 78
    3.2 ISA, 연금저축, TDF의 구조와 장단점 ··· 80
    3.3 ETF를 활용한 절세 포트폴리오 구성 전략 ··· 82
    3.4 배당·성장·절세를 통합하는 전략적 사고 (심화학습) ··· 84

제4부 지금 뜨는 상품들 — ETF 및 다양한 투자상품의 실전 전략의 세계

제1장. ETF는 왜 이렇게 뜨거운가 — 구조를 알아야 선택할 수 있다 ··· 88
    1.1 ETF란 무엇이고, 왜 인기가 폭발하는가 ··· 88
    1.2 인덱스, 액티브, 테마 ETF 등 — 어떤 차이가 있을까 ··· 90
    1.3 ETF 수수료, 추적오차, 배당 등 꼭 확인할 것들 ··· 95

제2장. 상품 이름만 봐도 알 수 있는 전략 — 읽는 법 배우기 ··· 97

    2.1 'TIGER 미국S&P500' 'KODEX 200TR'은 무슨 뜻인가 ··· 97

    2.2 월배당, 커버드콜, TDF, 리츠··· 상품명 해석 실전 ··· 101

    2.3 테마형 ETF의 실체와 주의사항(AI, 로보틱스, ESG 등) ··· 103

제3장. 펀드와 ETF, 그리고 리츠 — 어떻게 조합할 것인가? ··· 106

    3.1 펀드 vs ETF — 누가, 언제, 무엇을 위해 쓰는가? ··· 106

    3.2 ETF + 연금저축 + 리츠··· 목적별로 조합하는 전략 ··· 109

    3.3 소액 분산 포트폴리오부터 중·장기 전략까지 ··· 111

제5부 소비에서 투자로 — 일상 속 돈의 기회 발견하기

제1장. 매달 돈을 쓰는 그곳에, 당신의 돈이 잠자고 있다 ··· 114

    1.1 내가 스타벅스를 살 때, 누군가는 배당을 받는다 ··· 114

    1.2 네이버, 카카오, 배달의민족 — 내가 밀어주는 기업들 ··· 116

    1.3 '브랜드 주식'과 소비 연계 투자 전략 ··· 118

제2장. 월세 내는 인생에서 월배당 받는 인생으로 ··· 120

    2.1 리츠란 무엇이고, 어떻게 월배당이 가능한가? ··· 120

    2.2 월세 지출 구조와 배당 수익의 구조 비교 ··· 122

    2.3 현실적인 월배당 포트폴리오 구성 방법 ··· 124

제3장. 소비를 자산화하는 5가지 전략
— 나만의 포트폴리오 만들기 ··· 126

    3.1 통신비, 스트리밍비, 교육비···
        반복지출을 투자로 바꾸는 법 ··· 126

3.2 '내가 쓰는 분야에 투자하라'
— 소비 기반 포트폴리오 설계 ··· 128
3.3 내 소비내역으로 투자 포트폴리오를 짜 보는 훈련 ··· 130
3.4 소비를 자산으로 전환하는 3단계 모델 (심화학습) ··· 131

제6부 투자 이전의 질문들 — 돈, 나, 사회

제1장. 나는 왜 부자가 되고 싶은가 — 욕망의 근원을 마주하다 ··· 136
1.1 비교의 감정과 부족함의 인식 ··· 136
1.2 '부자가 되고 싶다'는 말의 진짜 의미 ··· 138
1.3 돈으로 보상받고 싶은 심리 ··· 140
1.4 욕망의 구조: 소유, 비교, 보상의 삼각 프레임 (심화학습) ··· 142

제2장. 돈에 대한 나의 감정은 무엇인가 — 무의식의 경제 습관 ··· 146
2.1 돈이 주는 불안, 통제, 회피 ··· 146
2.2 소비 중독과 절약 강박의 심리적 뿌리 ··· 148
2.3 내가 반복하는 소비 패턴의 기원 ··· 150
2.4 감정 기반 소비의 인지 전략:
행동경제학의 적용 (심화학습) ··· 152

제3장. 경제적 자유란 무엇인가
— 돈 없이 자유로울 수 있는가 ··· 156
3.1 FIRE, 미니멀리즘, 자급자족: 이상과 현실 ··· 156
3.2 돈이 없어도 자유로운 삶은 가능한가 ··· 158
3.3 '돈 걱정 없는 삶'의 자기 정의 찾기 ··· 160

3.4 경제적 자유의 4단계 모델:
안정-선택-의미-해방 (심화학습) ⋯ 161

제4장. 투자하지 않으면 안 되는 시대 — 구조의 강제 ⋯ 166
4.1 인플레이션과 자산불균형의 시대 ⋯ 166
4.2 국민연금과 4대 보험의 한계 ⋯ 168
4.3 소득이 아닌 자본이 격차를 만든다 ⋯ 170
4.4 생존형 투자 구조:
방치와 설계 사이의 갈림길 (심화학습) ⋯ 172

제7부 실패에서 배우는 투자 전략
— 실수, 반복하지 않기

제1장. 유튜브 따라 하다 손해 본 사람들
— 잘못된 정보의 함정 ⋯ 176
1.1 '전문가'의 말은 왜 나에게 맞지 않는가 ⋯ 176
1.2 정보 과잉의 시대, 무엇을 믿어야 하나 ⋯ 178
1.3 누구의 포지션인가를 읽는 눈 ⋯ 179
1.4 투자정보 필터링 모델: 신호와 소음 구분법 (심화학습) ⋯ 181

제2장. 감정이 투자 방향을 결정한 순간
— 심리와 타이밍의 충돌 ⋯ 184
2.1 손실회피, 확증편향, 후회 이론 ⋯ 184
2.2 "그때 팔았어야 했는데"의 반복 메커니즘 ⋯ 186
2.3 시장이 아니라 감정이 먼저 움직일 때 ⋯ 187
2.4 투자 심리 4대 왜곡 구조의 분석 (심화학습) ⋯ 189

제3장. 돈은 벌었지만 지키지 못했다 — 출구전략 없는 투자 ... 191

    3.1 익절과 손절의 심리 ... 191

    3.2 세금, 환율, 수수료의 '잠식 구조' ... 193

    3.3 리밸런싱 없는 투자 = 누수 구조 ... 194

    3.4 출구전략 설계 프레임: 계획-조건-타이밍 (심화학습) ... 196

제4장. 투자를 했지만 삶은 나아지지 않았다
— 방향 없는 설계 ... 198

    4.1 숫자는 늘었지만 삶은 그대로다:
        투자 성과의 체감 부재 ... 198

    4.2 왜 연결되지 않는가: 단절된 투자 구조의 문제 ... 200

    4.3 '삶을 바꾸는 투자' 모델: 목표 기반 전략 구조화 ... 201

제8부 지금 시작하는 돈의 루틴 — 일상 속 습관 만들기

제1장. 하루 10분의 루틴이 평생을 바꾼다
— 투자 루틴 만들기 ... 206

    1.1 아침 5분: 시장과 감정 체크 ... 206

    1.2 저녁 5분: 투자 흐름 기록과 정리 습관 ... 207

    1.3 나만의 '투자 다이어리' 만들기 ... 209

    1.4 재무 루틴 설계 4단계:
        관찰-기록-분석-피드백 (심화학습) ... 210

제2장. 돈보다 감정을 기록하라 — 투자·소비동기부 쓰는 법 ... 214

    2.1 "왜 샀는가?"를 되묻는 기술 ... 214

2.2 감정 기반 소비 분석 연습 ··· 216

2.3 소비 트리거 탐색법 ··· 217

2.4 감정-소비 연동 매트릭스 만들기 (심화학습) ··· 219

제3장. 월 1회 재무 리셋 ― 포트폴리오 점검의 날 ··· 221

3.1 자동이체와 현금흐름 점검 루틴 ··· 221

3.2 연금 · ISA · ETF 계좌의 건강 진단 ··· 223

3.3 월간 포트폴리오 보고서 쓰기 ··· 224

3.4 자산 리밸런싱 루틴 설계도 (심화학습) ··· 227

제4장. 소비를 자산으로 바꾸는 실전 루틴
― 자동화와 피드백 구조 만들기 ··· 229

4.1 고정비 구조표 리셋 루틴 ― 매월 소비 자동화 점검 ··· 229

4.2 소비-ETF 연결의 실패 유형 분석 ― 연결 착각 피하기 ··· 232

4.3 소비-자산 연동 자동화 시스템 만들기
    ― 앱과 루틴의 결합 ··· 237

4.4 반복지출 리디자인 툴킷
    ― 소비→자산 흐름을 시각화하기 (심화학습) ··· 241

에필로그 ··· 247

제1부

당신의 돈은 어디로 가고 있는가?

제1장

월급은 왜 모이지 않는가
— 나도 모르게 줄어드는 구조

1.1 들어오자마자 사라지는 돈의 흐름

수많은 사람이 월급날을 기다리지만, 정작 그날의 기쁨은 오래가지 않는다. 입금된 지 하루도 채 지나지 않아 각종 고정비가 자동이체로 빠져나가고, 며칠 안되어 통장 잔액은 다시 원점으로 돌아간다. 월급을 받았는데도 돈이 남지 않는 구조. 누구나 겪고 있지만, 누구도 진지하게 들여다보지 않는 일상적인 현상이다.

문제의 핵심은 수입보다 지출의 구조에 있다. 우리는 흔히 '돈을 쓴다'고 생각하지만, 실은 스스로 지출을 선택하지 않은 경우가 훨씬 많다. 월세, 관리비, 통신비, 보험료, 각종 구독 서비스, 교육비, 대출

상환금처럼 매달 반복되는 고정지출 항목은 월급이 들어오기 전부터 이미 예정되어 있다. 이러한 고정비는 마치 입구에서 줄을 선 손님처럼 대기하고 있다가, 월급이 입금되는 즉시 통장을 빠져나간다. 눈에 띄지 않게 작동하기 때문에 더욱 위험하다.

자동지출은 편리하다는 이유로 방치되기 쉽다. 하지만 편리함이 누적되면 선택권이 사라진다. 처음에는 필요해서 결제했던 서비스도, 시간이 지나며 존재조차 잊은 채 자동결제가 반복되는 일이 생긴다. 우리는 그 지출이 여전히 유효한지, 나의 삶과 지금도 연결되어 있는지 판단하지 않은 채 기계적으로 돈을 내보낸다. 어느새 지출은 관리 대상이 아닌 '환경'이 되어 버린다.

이러한 구조에서는 돈이 남기 어렵다. 고정지출이 선행되고, 가변적인 생활비가 이어지며, 저축이나 투자는 항상 마지막 순서로 밀린다. 돈을 계획 없이 내보낸 뒤에야 "이번 달은 얼마를 남길 수 있을까?"를 고민하는 방식은 지속 불가능하다. 대부분 사람은 "남는 돈이 없어서 저축을 못한다"고 말하지만, 실은 "남기기로 정하지 않았기 때문에" 남지 않는 것이다.

돈이 들어오자마자 사라지는 구조를 바꾸는 첫걸음은 '흐름의 시각화'다. 한 달 동안 내 통장에서 빠져나가는 고정비 목록을 직접 써 보면, 대부분은 네 가지로 나뉜다. 첫째는 월세나 보험료처럼 크고 반복적인 고정비, 둘째는 구독 서비스나 자동결제처럼 의식하지 못한 지출, 셋째는 식비나 교통비처럼 일상생활에 필요한 비용, 그리고 넷째는 스트레스 해소나 충동구매에서 비롯된 보상성 소비다. 이 네 가지만 구분하고 의식하는 것만으로도 지출 구조는 달라지기 시작한다.

돈은 생각보다 빠르게 사라진다. 하지만 사라지는 경로를 파악하면, 그 흐름을 바꿀 수 있다. 가장 중요한 변화는 '남는 돈이 있으면 저축하겠다'는 수동적 태도에서 벗어나, '먼저 남기고 나머지를 쓴다'는 구조로 전환하는 것이다. 돈을 모으는 사람은 더 많이 버는 사람이 아니라, 먼저 흐름을 설계한 사람이다.

1.2 수입은 있는데 자산이 없는 이유

연봉이 오르면 자산도 자연스럽게 늘 것이라 기대한다.

월급이 매달 나오고 지출을 줄이려는 노력도 하는데, 이상하게도 통장에 쌓이는 돈은 늘 제자리다. 심지어 고소득자임에도 불구하고 자산이 부족하다는 자각을 하는 사람들이 많다. 수입과 자산 사이에는 눈에 보이지 않는 간극이 존재한다.

이 간극은 '수입 중심 사고'와 '자산 중심 사고'의 차이에서 비롯된다. 수입 중심 사고는 "나는 한 달에 얼마를 벌어"라는 인식에 머문다. 반면 자산 중심 사고는 "나는 지금까지 얼마를 남겼고, 앞으로 얼마를 보유할 수 있을까"를 질문한다. 이 둘의 차이는 단지 표현 방식의 차원이 아니다. 사고방식이 다르면 돈을 다루는 방법도 달라진다.

자산이 축적되지 않는 사람들은 대개 '돈이 많으면 해결된다'는 생각을 놓지 못한다. 수입이 부족해서가 아니라, 수입이 들어올 때마다 '어디론가 사라지는 구조'를 방치하기 때문에 자산이 남지 않는다. 즉, 문제는 벌이의 크기가 아니라 흐름의 방향에 있다. 고소득자 중에도 자산이 적은 사람이 많은 이유는, 지출이 수입의 증가 속도와 함께 커졌기 때문이다.

수입이 늘면 소비도 늘어나기 마련이다. 좋은 차와 옷을 사고, 더 비싼 음식을 먹는다. 이러한 삶의 질 향상은 자연스럽지만, 그 속에서 '남기는 구조'가 없다면 아무리 많은 돈이 들어와도 자산은 늘지 않는다. 반대로, 일정한 원칙에 따라 일정 비율의 수입을 '선저축'으로 이체하는 사람은 수입의 크기와 관계없이 자산을 만들어 낸다.

자산은 단기간에 갑자기 쌓이지 않는다. 그것은 구조의 결과이고, 습관의 총합이다. 월급이 들어오면 우선 생활비부터 계산하고 남은 돈을 저축하려는 사고방식은, 대부분 저축할 돈이 없다는 결론에 도달하게 만든다. 자산 중심 사고를 하는 사람은 저축과 투자를 우선 배치하고, 생활비를 그 안에 맞춘다. 이 단순한 순서 바꾸기가 장기적으로 큰 차이를 만들어 낸다.

수입은 나를 위해 들어오는 듯 보이지만, 사실 그 흐름의 대부분은 타인과 제도에 의해 결정된다. 세금, 4대 보험, 대출 원리금, 보험료는 국가와 시장이 이미 가져가기로 예정한 몫이다. 결국, 내 손에 남는 돈은 '내가 쓸 수 있는 돈'이 아니라, 내가 흘려보낼 대상을 선택할 수 있는 마지막 기회다. 그 기회를 매번 소비로 넘긴다면, 자산은 쌓이지 않는다.

자산을 가진다는 것은 단지 숫자를 늘리는 일이 아니다. 그것은 선택권을 갖는 일이며, 미래에 대한 주도권을 쥐는 일이다. 수입은 단기적 성과이지만, 자산은 장기적 전략의 결과다. 수입이 있을 때 자산을 만드는 구조를 만들어야 한다. 그렇지 않으면 우리는 '벌고, 쓰고, 반복하는 삶' 속에서 벗어나지 못한다.

1.3 예금은 정말 안전할까?

사람들은 돈을 은행에 넣어 두는 것이 가장 안전하다고 생각한다. 주식이나 펀드처럼 가격이 변동하는 자산보다 예금은 원금을 지켜주고, 이자도 붙기 때문이다. 그러나 이 믿음은 언제부터인가 현실과 어긋나기 시작했다. 예금은 정말 안전한 자산일까? 그렇다면 왜 예금에만 돈을 넣어 두는 사람의 자산은 점점 줄어드는 것처럼 느껴질까?

가장 근본적인 이유는 '실질금리' 때문이다. 실질금리란 예금 이자율에서 물가상승률을 뺀 값이다. 이 값이 마이너스라는 것은, 겉보기에는 돈이 늘어난 것처럼 보여도 실제로는 구매력이 줄어들고 있다는 뜻이다. 예를 들어 연 2% 이자를 주는 정기예금에 1,000만 원을 넣었는데, 같은 기간 물가가 4% 올랐다면, 그 돈은 사실상 2%만큼 손해를 본 것이다. 수치상의 원금은 그대로인데, 그 돈으로 살 수 있는 것들의 양이 줄어든 것이다.

사람들은 원금이 보장된다는 이유로 예금을 신뢰한다. 하지만 자산이란 '숫자가 보존되는가'보다 '가치가 유지되는가'를 기준으로 판단해야 한다. 돈을 잃지 않는다는 것이 꼭 자산을 지키는 길은 아니다. 오히려 지나치게 안전한 선택이 장기적으로는 자산을 갉아먹는 위험 요소가 될 수 있다. 이는 마치 그늘에서 조용히 진행되는 부식처럼 당장은 잘 보이지 않지만, 천천히 자산의 실질을 약화시킨다.

예금의 또 다른 문제는 돈이 일을 하지 않는다는 데 있다. 은행에 돈을 맡기면 그 돈은 대출이라는 형태로 다른 사람에게 넘어가고, 은행은 그 사이에서 수익을 창출한다. 우리는 그 수익 중 극히 일부를 이자의 형태로 돌려받는다. 결론적으로 예금자는 가장 적은 보상을 받고, 가장 수동적인 위치에 놓이는 것이다. 물론 안정성과 유동성을 감안할 때 예금은 여전히 유효한 수단이지만, 그것이 유일한 수단일 필요는 없다.

현금성 자산을 일정 부분 확보하는 것은 중요하다. 예기치 못한 지출이나 단기적인 필요에 대비하는 용도로 예금은 적절한 도구다. 그러나 자산 전체를 예금에만 의존하는 것은 장기적인 자산 보전에는 한계가 있다. 특히 인플레이션이 고착화된 환경에서는 예금은 더 이상 '가치 저장소'의 역할을 다하지 못한다. 우리가 '잃지 않겠다'고 고집하는 사이, 실제로는 서서히 잃고 있을 수도 있다.

 자산을 지킨다는 것은 단지 원금을 보존하는 것이 아니라, 그 자산이 시간 속에서 의미 있는 역할을 계속 수행하도록 만드는 일이다. 예금은 정지된 자산이지만, 자산은 움직일 때 의미를 가진다. 따라서 예금은 자산의 일부일 수는 있어도 전부가 되어서는 안 된다. 진정한 안전은 보이지 않는 손실을 인식하는 데서 시작된다.

제2장

나는 자본에 기여할 뿐인가
— 소비자와 자본의 구조적 차이

2.1 소비자는 왜 늘 불리한가

현대사회에서 우리는 하루도 빠짐없이 소비한다. 아침에 커피를 사 마시고, 점심을 배달시키고, 퇴근길에 온라인 쇼핑을 한다. 카드를 긁고 앱을 통해 결제하는 동안, 우리는 돈을 쓰고 있다는 사실조차 자각하지 못하는 경우가 많다. 소비는 너무도 일상적이고 자동화되어 있으며, 자산과는 아무 관련이 없는 일처럼 느껴진다.

하지만 소비는 결코 중립적인 행위가 아니다. 우리가 돈을 쓰는 곳은 반드시 누군가의 수입이 된다. 그것이 자영업자의 매출일 수도 있고, 대기업의 매출 실적일 수도 있으며, 결국에는 주주에게 돌아가는 배당금의 재원이 되기도 한다. 우리는 소비를 통해 수많은 기업의 수익 창출 구조에 기여하고 있다. 그러나 그 구조 속에서 우리는 수익을 분배받는 입장이 아니라, 철저히 지불하는 위치에 있다.

가장 단적인 예는 브랜드다. 누군가는 매달 5만 원 이상을 스타벅스에서 쓰지만, 스타벅스의 주주가 되어 배당금을 받는 사람은 따로 있다. 어떤 이는 하루도 빠짐없이 네이버페이로 결제하고, 쿠팡을 이용하고, 유튜브 프리미엄에 가입해 있지만, 이 기업들의 수익 배분 구조에 참여하지 않는다. 소비자로서의 행동이 자본 구조에 기여하고 있다는 점은 분명하지만, 우리는 그 대가를 받지 못한다.

소비자가 자본 구조에서 불리한 위치에 놓이는 이유는 '흐름의 일방성'에 있다. 소비는 항상 돈을 내보내는 행위이고, 자본은 돈이 들어오는 구조다. 이 흐름을 바꾸지 않는 한, 우리는 매달 기업의 실적에 기여하면서도 그 성과를 공유받지 못한다. 소비자가 되는 것은 선택이지만, 자본의 수혜자가 되지 못하는 것은 구조적 무지와 거리감 때문이다.

더 근본적인 문제는, 우리가 기업의 수익 구조를 '남의 일'로 생각한다는 데 있다. 주가는 나와 상관없는 숫자처럼 보이고, 배당은 아주 부유한 사람들만 받는 보상처럼 느껴진다. 하지만 실제로는 누구나 일정한 방식으로 자본의 흐름에 참여할 수 있다. 문제는 정보가 부족하고, 심리적 장벽이 높으며, 스스로의 소비 패턴이 얼마나 자본에 기여하고 있는지 인식하지 못하는 데 있다.

소비자에게 불리한 점은, 단지 돈이 나가기 때문이 아니다. 소비자가 된다는 것은 매달 반복적으로 자산을 분산시키는 행동을 한다는 뜻이다. 아무리 합리적인 소비라 해도, 그 돈이 돌아올 구조가 없다면 그것은 결국 자산의 분해다. 반면 자본가는 자신의 위치를 고정시킨 채, 타인의 소비로부터 이익을 지속적으로 흡수한다. 우리는 매일같이 자본 구조에 기여하면서도, 그쪽으로 한 발짝도 다가서지 않는다.

이 장벽을 넘는 순간, 우리는 소비자에서 투자자로 이동하게 된다. 이는 거창한 재테크가 아니라, 내가 쓰는 돈의 방향과 흐름을 바꾸는 일이다. 소비의 반복 속에서 자본의 기회를 찾아내고, 그 구조에 들어서는 순간부터 우리는 더 이상 일방적인 지불자가 아니다. 같은 브랜드, 같은 플랫폼을 사용하는데도 누군가는 소비자이고, 누군가는 투자자인 차이는 그 한 걸음에서 시작된다.

2.2 소비는 자본에 투표하는 행위다

우리는 매일 소비의 선택을 반복한다. 어떤 브랜드의 커피를 마실지, 어떤 앱으로 결제할지, 어느 플랫폼에서 영화를 볼지 선택하면서 우리는 각 기업의 수익에 영향을 준다. 이 과정은 단지 상품이나 서비스를 이용하는 수준에 그치지 않는다. 우리의 소비는 기업의 매출과 실적, 그리고 궁극적으로는 주가와 배당에 직결된다.

기업의 가치는 단지 상품의 품질로만 결정되지 않는다. 그것이 선택받고 사용되는 빈도, 시장에서의 지배력, 고객의 충성도에 따라 자본시장에서는 평가가 달라진다. 우리가 자주 사용하는 브랜드, 늘 머무는 플랫폼, 끊임없이 결제하는 서비스는 바로 그 기업의 수익성을 구성하는 기반이다. 즉, 우리는 소비를 통해 기업의 주가를 지지하고, 자본에 영향력을 행사하는 간접적인 주체가 되는 셈이다.

이런 소비의 누적은 결국 '자본에 대한 투표'와 같다. 사람들이 스타벅스를 선택하면 스타벅스의 주가는 오른다. 쿠팡에서 더 많은 결제가 일어나면 기업의 매출은 증가하고, 이는 상장사로서의 가치로 환산된다. 우리가 선택한 소비는 수많은 자본시장에서의 신호로 변환되며, 시장은 그 신호를 빠르게 읽고 반응한다. 소비자는 곧 투자자의 길을 열어 주는 중요한 변수다.

문제는 이 모든 영향을 만들어 내는 소비자 본인은 그 수익 구조에 직접적으로 참여하지 않는다는 점이다.

우리는 플랫폼을 키우고 브랜드를 유지시키며, 주주들이 수익을 얻는 배경이 되는 행동을 반복하고 있다. 하지만 그러한 흐름을 인식하지 못하고, 주주가 되지 못한 채 계속해서 비용을 지불하는 쪽에 머물러 있다. 자본에 투표하면서도 그 투표권의 수혜자가 되지 못하는 아이러니한 위치, 이것이 지금의 소비자가 놓인 현실이다.

자본주의 시장에서 가장 영향력 있는 투표는 바로 '어디에 돈을 쓰는가'이다. 이 투표는 매일, 반복적으로, 자동으로 이뤄진다. 다만 그 선택이 '지불'에만 머물지 않고, '참여'로 바뀌는 순간 자본의 흐름은 완전히 달라진다. 내가 지지하고 사용하는 브랜드에 주주로서 참여하는 것, 그 기업의 성장에 나의 자산을 함께 싣는 것, 그것이야말로 우리가 가진 가장 현실적인 자본 참여 방식이다.

따라서 소비자는 단순히 자본의 하위구조에 머무를 필요가 없다. 자신이 선택한 브랜드에 대해 조금 더 들여다보고, 그 기업이 상장돼 있는지, 배당을 하는지, ETF[1]에 포함되어 있는지를 확인해 보는 일만으로도 출발점은 열릴 수 있다. 내가 소비한 만큼 자본의 일부가 되는 구조, 그것이 '쌓이는 돈'으로 이어지는 생활 속 전략이다.

2.3 국민연금도 투자한다면, 나는 왜 못할까

우리는 국민연금을 낸다. 직장인이든 자영업자든 매달 일정액의 보험료를 납부하고, 언젠가 연금을 받을 것이라 기대한다. 그런데 대부분의 사람들은 국민연금이 어떻게 운용되는지에 대해서는 잘 알지 못한다. 단지 '노후를 위한 제도'라는 막연한 개념으로 받아들

---

1) Exchange Traded Fund(상장지수펀드): 특정 지수(KOSPI 200, S&P 500 등)의 움직임에 수익률이 연동되도록 설계된 상장된 지수펀드로, 주식처럼 거래소에서 실시간으로 사고 팔 수 있으며, 소액으로도 분산투자 효과를 누릴 수 있는 장점이 있다. 예를 들어, KOSPI 200 지수를 추종하는 인덱스 ETF에 투자하면, KOSPI 200 지수에 포함된 200개 종목에 자동으로 분산투자하는 효과를 얻을 수 있다.

이며, 그 돈이 어디에 투자되고 어떤 방식으로 불어나고 있는지에 대한 감각은 부족하다.

그러나 국민연금은 세계 최대 수준의 투자기관 중 하나다. 우리가 납부한 돈은 국고에 잠자고 있는 것이 아니라, 적극적으로 자본시장에 들어가 수익을 창출하고 있다. 국내외 주식, 채권, 부동산, 인프라에 이르기까지 다양한 자산에 분산 투자되며, 이자와 배당, 자본차익을 통해 장기 수익을 쌓는다. 즉, 우리가 매달 내는 연금보험료는 결국 자본시장 속에서 굴러가고 있는 셈이다.

이 점에서 중요한 질문이 생긴다.

"국가는 왜 내 돈을 투자하는가?"

그 이유는 단순하다. 자산을 지키고, 불리기 위해서다. 시간이 흐를수록 화폐가치는 떨어지고, 인플레이션은 피할 수 없는 흐름이다. 단지 보관하는 것으로는 국민들의 노후를 지킬 수 없다는 사실을 국가는 알고 있다. 그래서 투자한다. 안정적이고 장기적인 수익률을 확보하기 위해서다.

아이러니한 점은, 국민연금이 그렇게 투자하고 있다는 사실을 알고도, 개인은 여전히 투자를 꺼린다는 것이다. 국가조차도 장기 생존을 위해 투자하고 있는데, 정작 그 제도의 주체인 우리는 여전히 '예금이 최고'라는 생각에 머물러 있는 경우가 많다. 위험하다는 이유로 외면하지만, 실은 투자하지 않는 쪽이 장기적으로는 더 위험할 수 있다.

게다가 우리는 이미 간접적으로 수많은 자산에 투자하고 있다. 국민연금뿐 아니라, 은행 예금도 대출로 전환되어 기업 활동에 사용되며, 보험료도 각종 금융상품으로 운용된다. 문제는 우리가 그 투자로부터 수익을 나눠 갖지 못한다는 데 있다. 돈은 시장에서 계속 일하고 있는데, 우리는 그 흐름 밖에 서 있기만 한다. 내가 감당하는 리스크는 있지만, 그에 상응하는 보상은 받지 못한다.

이런 구조 속에서 투자란 선택이 아니라 생존 전략에 가깝다. 국가도 그렇게 한다면, 우리라고 못할 이유는 없다. 이제 중요한 건 접근 방식이다. 처음부터 큰돈을 걸거나, 복잡한 상품을 고를 필요는 없다. 국민연금처럼 장기적이고 분산적인 투자를 시작하는 것이다. 소액이라도 일정한 구조와 리듬을 갖춘 투자는 결국 자산의 축적이라는 결과로 이어진다.

당신이 이미 자산 시장의 어딘가에 있다면, 이제 그 구조의 '외곽'이 아닌 '중심'에 들어갈 차례다. 국민연금이 그렇듯, 당신의 돈도 일하게 만들어야 한다. 그 첫걸음은 내가 소비자로서만 살아왔는지, 아니면 자본의 흐름에 조금이라도 참여하고 있는지를 인식하는 데서 시작된다.

제3장

돈은 어디서 만들어지고 누구에게 흘러가는가
— 자본의 흐름을 읽는 힘

3.1 현대 자본주의는 중간시장이 결정한다

우리는 흔히 '돈은 노동의 대가'라고 생각한다. 열심히 일하면 월급이 나오고, 그 돈으로 삶을 유지하고 소비하고, 때로는 조금 남겨 저축한다. 이 단순한 구조는 일면 옳아 보이지만, 실제 자본주의 사회에서는 이보다 훨씬 복잡한 돈의 흐름이 존재한다. 현대 경제에서 돈은 단지 개인과 기업 사이에서 주고받는 것이 아니라, 그 사이에 놓인 수많은 '중간시장'을 통해 재구성되고 재분배된다.

이 중간시장의 대표적인 예가 은행, 증권사, 자산운용사, 보험사 같은 금융회사들이다. 우리는 통장에 돈을 넣고 카드를 쓰며 보험에 가입하고 펀드에 투자하지만, 그 과정에서 자본은 단순히 보관되거나 소비되는 것이 아니라 끊임없이 '움직이고 있다'. 즉, 내 돈은 멈춰 있지 않고, 누군가의 자산이 되고, 다른 누군가의 부채가 되고, 또 다른 누군가의 수익이 된다. 이 복잡한 흐름의 중심에 중개기관이 있다.

은행은 개인의 예금을 모아 기업과 개인에게 대출을 제공한다. 예금자 입장에서는 원금을 보장받고 이자를 받는 구조지만, 은행은 그 예금을 활용해 더욱 높은 수익률을 추구한다. 그 차액이 바로 '예대마진'이다. 예대마진이란 예금자에게 지급하는 이자(은행 입장에서는 비용)와 대출자에게서 받는 이자(은행 입장에서는 수익)의 차이이며 은행의 핵심 수익원이라고 할 수 있다. 이 과정에서 예금자의 자본은 단지 보관되는 것이 아니라 재배치되어 자본시장의 흐름에 적극적으로 투입되며 은행은 그 흐름을 설계하고 통제하는 역할을 맡는다.

증권사는 자본을 유통한다. 기업이 주식을 발행하고, 투자자가 그 주식을 사고파는 과정에서 증권사는 중개자로서 수수료를 취하고, 때로는 자기자본으로 직접 투자하기도 한다. 펀드운용사는 개인의 자산을 모아 기업이나 채권에 분산 투자하며, 그 성과에 따라 보수를 받는다. 이처럼 금융회사는 돈이 한 개인이나 기업에 머무르지 않고 시장 전반으로 확산되고 순환되도록 만드는 핵심 인프라다.

이 구조에서 주목해야 할 것은, 우리가 '직접 거래하지 않아도 이미 자본시장에 관여하고 있다'는 사실이다. 단순한 예금이나 보험,

연금도 결국 자본시장 속에서 운용되고 있다. 중간시장을 이해하지 못하면, 내 돈이 어디서 어떻게 쓰이고 있는지 알 수 없다. 겉보기에 내 돈은 '가만히 있는' 것처럼 보여도, 사실은 매우 복잡한 경로를 따라 흘러 다니고 있는 셈이다.

현대 자본주의는 이처럼 '자산을 가진 자'와 '중간을 설계하는 자'가 게임의 규칙을 만든다.

우리가 자본의 흐름을 이해하지 못하면, 그 흐름을 구성하는 수많은 의사결정에서 배제된다. 즉, 열심히 일하는 것만으로는 부족하다. 자산이 어디로 흐르고, 누가 그 흐름을 설계하며, 어떤 방식으로 수익이 발생하고 분배되는지를 이해할 때 비로소 자산의 진짜 주인이 될 수 있다.

3.2 나는 직접 투자자가 아니어도 투자자다

대부분의 사람은 자신이 투자하지 않는다고 생각한다. 주식도 하지 않고, 펀드도 가입하지 않았으며, 부동산에도 손을 대지 않았기 때문에 자신을 '투자와는 거리가 먼 사람'이라 여긴다. 하지만 실제로는 그렇지 않다. 우리는 이미 자본의 구조 속에서 수많은 자산에 간접적으로 관여하고 있다. 단지, 그 흐름을 인식하지 못한 채 내버려두고 있을 뿐이다.

예금을 예로 들어 보자. 은행에 돈을 맡기면, 우리는 그 돈이 안전하게 보관되어 있다고 생각한다. 하지만 실상은 다르다. 은행은 그 예금을 활용해 대출을 내주고, 기업과 개인에게 자금을 빌려주며, 자산운용을 통해 수익을 창출한다. 예금자는 원금과 약간의 이자만 받지만, 실제로 그 돈은 금융시장에서 활발히 '투자되고' 있다. 우리는 돈을 맡긴 대가로 최소한의 보상만 받고 있으며, 자산운용에 따른 수익은 대부분 은행의 몫이 된다.

보험도 마찬가지다. 매달 내는 보험료는 단순히 위험에 대비하기 위한 비용이 아니다. 보험사는 그 자금을 모아 주식, 채권, 부동산 등 다양한 자산에 투자하며 수익을 내고, 그 수익을 기반으로 회사를 유지한다. 개인연금이나 퇴직연금 역시 마찬가지 구조다. 우리는 노후를 대비해 매달 불입하지만, 그 자금은 금융회사에 의해 운용되고 있고, 대부분 사람들은 그 운용 내용을 잘 모른 채 방관한다.

심지어 카드 결제마저도 자본의 흐름에 기여한다. 우리가 카드를 사용할 때마다 카드사와 밴(VAN)사, 가맹점, 결제 플랫폼은 그 흐름에서 수수료와 데이터를 바탕으로 수익을 얻는다. 우리는 소비를 했을 뿐인데, 그 소비가 누군가에게는 투자 수익의 재료가 된다. 이러한 구조 속에서 우리는 계속해서 자본에 기여하고 있지만, 자산의 주인이 되지는 못한다.

결국, 우리는 '직접 투자하지 않았다'고 말하면서도 이미 수많은 자산의 흐름에 관여하고 있다. 중요한 것은 자산이 어디에 쓰이고 있느냐가 아니라, 내가 그 흐름을 알고 있고, 참여할 준비가 되어 있느냐. 직접투자란 반드시 복잡하거나 공격적인 일이 아니다. 내가 가진 자산이 어떻게 움직이고 있는지를 인식하고, 그 흐름에 일정 부분 주도권을 갖는 것이다.

현대 자본주의에서 자산은 스스로 불어나지 않는다. 그것은 구조 속에서 일하고, 그 구조에 접근한 사람만이 보상을 받는다. 내가 사용한 돈, 맡긴 돈, 낸 돈이 어디로 흘러가는지 추적하는 순간부터, 우리는 소비자가 아니라 자산의 주체가 된다. 문제는 투자 여부가 아니라, 의식의 방향이다. 투자하지 않는 사람이 아니라, 자신의 돈이 무엇을 하고 있는지 모르는 사람이 가장 손해를 본다.

3.3 돈의 흐름을 이해하는 자가 미래를 지배한다

자산을 가진 사람과 그렇지 않은 사람의 차이는 단지 수입의 차이에 있지 않다. 그보다 중요한 것은 돈이 어디서 만들어지고, 누구에게 흘러가는지를 인식하고 있느냐는 점이다.

자본주의는 구조로 작동하는 시스템이다. 그 구조 안에서 돈의 흐름을 설계하고 읽을 수 있는 사람은, 같은 소득을 가지고도 전혀 다른 결과를 만든다. 이 흐름을 이해하는 능력은 이제 선택이 아니라 생존을 위한 필수 역량이다.

우리는 하루에도 수십 번씩 돈을 주고받는다. 통장에서 이체하고, 카드로 결제하며, 정기적으로 보험료와 통신비, 구독료를 지불한다. 이 모든 행위는 단지 지출이 아니라, 자본의 흐름을 구성하는 작은 단위들이다. 각각의 흐름은 기업의 매출이 되고, 금융회사의 자산이 되며, 궁극적으로는 투자자의 수익으로 전환된다. 문제는 그 흐름 속에 있으면서도, 자신이 어떤 위치에 놓여 있는지를 모르고 있다는 데 있다.

돈의 흐름을 이해한다는 것은 단순히 주가를 보거나 경제기사를 읽는 능력을 말하는 것이 아니다. 그보다는 '내 돈이 지금 어디에 가 있고, 누구의 이익에 기여하고 있으며, 나는 거기서 무엇을 돌려받고 있는가'를 스스로 점검할 수 있는 힘을 의미한다. 이 감각이 없다면, 우리는 끊임없이 돈을 흘려보내면서도 그로부터 아무것도 축적하지 못한 채 살아가게 된다.

돈은 흐른다. 이 말은 단지 비유적인 표현이 아니다. 현대 자산시장은 하나의 흐름 속에서 수많은 채널을 통해 자본을 재편성하고 재배분한다. 이때 흐름을 따라가며 방향을 선택하는 사람은 자산을 쌓고, 흐름을 알지 못하고 그냥 흘려보내는 사람은 소비자에 머문다. 차이는 흐름을 설계한 사람과 설계된 흐름에 순응한 사람 사이에서 발생한다.

이 책에서 말하는 '쌓이는 돈'이란 단지 저축을 뜻하지 않는다. 그보다는 구조를 읽고, 자본의 흐름에 접근해, 자신의 몫을 정당하게 가져오는 사람의 돈을 의미한다. 그 흐름을 처음 인식하는 순간부터, 우리는 더 이상 돈의 소비자만은 아니다. 돈이 어디로 가는지를 아는 사람만이, 그것이 어디서 쌓이게 할지를 선택할 수 있다.

3.4 소비에서 자산으로
— 흐름을 지배하는 구조적 이론 (심화학습)

지금까지 우리는 돈이 소비자의 손을 떠나 기업과 금융시장으로 이어지는 흐름을 살펴보았다. 그러나 이 흐름을 더 깊이 이해하기 위해서는, 단순히 이동 경로를 아는 데 그치지 않고, 그 안에 내재한 구조적 원리를 읽을 수 있어야 한다. 여기서 중요한 통찰을 제공하는 두 가지 개념이 있다. 바로 '가치사슬(Value Chain)'과 '현금흐름 전환 구조(Cashflow Conversion Structure)'이다.

가치사슬 이론은 하버드대학교 마이클 포터(Michael E. Porter)가 1985년 『Competitive Advantage』(경쟁 우위)에서 체계화한 개념이다.[2] 이 이론에 따르면, 기업은 단순히 제품을 생산하는 것이 아니라, 원재료 구매, 생산, 마케팅, 유통, 판매, 서비스 등 다양한 활동을 거치면서 가치를 추가해 나가는 구조를 가진다. 각 단계마다 부가가

---

[2] Michael E. Porter, *Competitive Advantage: Creating and Sustaining Superior Performance*, Free Press, 1985.

치가 축적되며, 최종 소비자가 지불하는 가격은 이 모든 가치 활동의 총합을 반영한다. 즉, 소비자가 커피 한 잔을 사는 행위는 단순히 음료를 구매하는 것이 아니라, 커피 원두 조달, 물류, 매장 운영, 마케팅까지 모든 가치활동에 지불하는 것이다.

이 가치사슬 구조를 이해하면, 소비가 어떻게 기업의 수익으로 전환되고, 기업 가치에 반영되는지를 읽을 수 있다. 스타벅스 한 잔의 커피 가격 속에는 글로벌 원두 조달망, 매장 부동산 계약, 프랜차이즈 시스템, 로열티 수익모델까지 복합적인 가치가 내포되어 있다. 소비는 가치의 최종 터치포인트에 불과하며, 그 이면에는 복잡하게 연결된 자본과 노동, 시스템의 사슬이 작동하고 있다.

그러나 여기서 한 걸음 더 나아가야 한다. 소비가 기업의 수익으로 전환된 이후, 이 수익이 다시 금융시장에서 자산으로 전환·증폭되는 구조를 이해하는 것이다. 이러한 흐름은 기업 재무관리 및 투자은행(IB) 분야에서 사용되어 온 분석 틀로, 소비자의 지출이 어떻게 금융시장 자산으로 전환되는지를 구조적으로 설명한다.[3]

구조는 이렇다. 소비자가 지불한 현금은 기업의 매출이 된다. 매출은 일정 비용과 세금을 제외하고 순이익으로 남는다. 이익은 배당금으로 주주에게 분배되거나, 신규 투자, 부채 상환, 자사주 매입 등에 활용된다. 이 과정을 통해 기업은 자본을 증식시키고, 주가를 상

---

3) McKinsey & Company, *Valuation: Measuring and Managing the Value of Companies*, 6th ed., Wiley, 2015.

승하게 하거나 안정적으로 배당할 수 있게 한다. 이로써 금융시장의 투자자들은 소비자의 지출로 창출된 수익을 자산 수익률이라는 형태로 수취한다.

현금흐름 전환 구조를 이해하면, 단순히 기업의 매출 성장이나 이익 증가를 보는 것을 넘어서서, 소비와 자산 사이의 다층적인 연결고리를 꿰뚫어 볼 수 있다. 소비자는 지출하는 순간 돈을 잃는 것이 아니라, 그 돈이 기업 수익을 거쳐 금융시장에서 자산으로 증폭되는 순환구조를 만드는 데 기여하는 셈이다.

문제는 그 순환구조 안에서 내가 어디에 서 있는가 하는 것이다. 계속 소비자로서만 남을 것인가, 아니면 흐름의 상단부에서 투자자로서 자본의 증식에 참여할 것인가?

이제 우리는 단순히 돈이 '흘러간다'는 사실을 뛰어넘어, 그 흐름이 어떻게 가치 활동을 거쳐 금융자산으로 전환되는지를 이해할 수 있게 되었다. 소비와 투자, 지출과 수익, 기업 활동과 금융시장 자산은 하나의 거대한 순환구조 속에 있으며, 그 구조를 이해하는 사람만이 돈의 흐름을 설계하고 지배할 수 있다.

제2부

당신은 누구인가
— 조건에 맞는 투자 전략 찾기

제1장
100만 원으로도 가능한가
— 소액 투자자의 첫걸음

1.1 돈이 적다고 투자하지 말란 법은 없다

사람들은 '투자'라는 단어를 들으면 적어도 수천만 원 이상의 여유 자금이 있어야 시작할 수 있는 일이라고 생각한다. 여전히 투자란 '돈이 많은 사람들의 세계'라는 이미지가 강하다. 하지만 자산을 쌓아 가는 사람들의 시작점은 대개 거창하지 않다. 중요한 건 가진 돈의 크기가 아니라, 돈을 대하는 태도이다.

사람들이 소액 투자에 주저하는 이유는 단순히 수익이 적을 것 같아서가 아니다. 그보다는 '이 정도로는 의미가 없지 않을까' 하는 자기의심이 더 크다. 그러나 그 생각이야말로 자산 형성의 가장 큰 장애물이다. 돈이 적을 때일수록 투자 감각을 기르는 훈련이 필요하고, 금액이 적기 때문에 오히려 리스크를 감내하면서도 학습할 수 있는 여지가 있다. 실제로 투자를 잘하는 사람들은 대부분 소액으로 경험을 쌓으며 감각을 익힌 이들이다.

투자는 금액이 아니라 구조다.

1만 원이든 10만 원이든 일정한 흐름을 만들 수 있다면, 그것은 이미 자산이다. 매달 일정 금액을 투자 계좌로 자동이체하고, 단순한 ETF 한 종목이라도 정기적으로 매수하는 습관이 자리 잡는 순간부터, 자산은 크기와 무관하게 '쌓이는 구조'로 전환된다. 특히 최근에는 소수점 매매, 저비용 인덱스 ETF, 모바일 간편투자 서비스 등 소액 투자자도 접근할 수 있는 환경이 잘 구축되어 있다.

그리고, 소액 투자의 장점은 '속도보다 지속'에 있다.

금액이 적기 때문에 당장 큰 수익을 기대하기보다는, 투자의 리듬과 감각을 익히는 데 집중할 수 있다. 5만 원으로 투자해 하루에 몇십 원이 움직이는 것을 보며, 가격이 어떻게 반응하고, 내가 어떤 감정을 느끼는지를 관찰하는 것만으로도 훌륭한 학습이 된다. 이러한 경험은 큰돈을 다룰 때의 기준과 태도를 결정짓는 토대가 된다.

지금 당신이 가지고 있는 돈이 적다고 해서 그것이 가치 없는 것은 아니다.

단지 아직 구조를 만들지 못했을 뿐이다. 소액으로도 투자는 가능하며, 실제로 많은 성공적인 투자자들이 가장 작고 단순한 한 걸음에서 출발했다. 중요한 것은 '지금 이 돈을 흘려보낼 것인가, 쌓이게 만들 것인가'의 선택이다.

1.2 첫 투자에서 '잃지 않는 법'이 더 중요하다

소액 투자를 시작할 때 가장 중요한 질문은 "얼마를 벌 수 있을까?"가 아니다. 진짜 중요한 질문은 "얼마를 잃지 않고 지킬 수 있을까?"다. 처음으로 투자에 발을 들이는 사람에게는 수익률보다 리스크 감각이 더 절실하다.

금액이 적기 때문에 잃어도 감당할 수 있을 것 같지만, 초기의 부정적인 경험은 투자 자체를 멀리하게 만들고, 자산을 쌓아 가는 기회를 차단할 수 있다.

초기 투자자일수록 단기 변동에 민감하게 반응한다. 투자했던 자금이 하루에도 몇 번씩 수익과 손실 사이를 오가거나, 수익률이 오르내리는 것을 보며 불안해지고, 성급한 매수와 매도를 반복하게 된다. 이때 가장 많이 발생하는 실수가 '타이밍'에 집착하는 것이다. 오를 때 따라 사고, 떨어지면 겁이 나서 팔고, 결국 반복적으로 손실을 보게 된다. 이런 실수를 피하려면, 무엇보다 '잃지 않는 구조'를 설계하는 것이 우선이다.

이를 위해서는 수익률이 높지 않아도 안정적인 상품을 중심으로 시작하는 것이 바람직하다.

예를 들어 저비용 인덱스 ETF는 시장 전체에 투자하는 방식으로 단일 종목보다 변동성이 낮고, 분산 효과를 기대할 수 있다. 또 채권형 ETF[4]나 초단기 채권형 펀드처럼 상대적으로 안정성이 높은 상품도 있다. 수익은 적지만, 손실 가능성을 줄이는 데 효과적이다. 중요한 것은, 처음부터 '한 방'을 노리는 것이 아니라 시장과 투자상품의 구조에 익숙해지는 경험을 쌓는 것이다.

또 하나의 방법은 '체험용' 투자를 설계하는 것이다.

예를 들어 10만 원 중 5만 원은 예금처럼 안전한 자산으로, 나머지 5만 원은 ETF나 소수점 매매[5]로 투자하는 방식이다. 이처럼 소액을 두 갈래로 나눠 보면 수익과 안정의 균형을 감각적으로 이해할 수 있다. 일부는 움직이고, 일부는 그대로인 자산을 동시에 보게 되면서 돈의 속성과 시장의 리듬에 대한 체험이 쌓인다.

처음 투자할 때 반드시 명심해야 할 원칙이 있다. 수익은 경험이 쌓이면서 따라오지만, 신뢰는 초기에 형성된다. 처음부터 돈을 잃으면 시장 자체에 대한 불신이 생기고, 다시 시작하는 데 오랜 시간이 걸린다. 하지만 잃지 않으면서도 '돈이 일하고 있다'는 감각을 익히

---

[4] 채권 지수를 추종하는 상장지수펀드(ETF)로, 이는 개별 채권에 직접 투자하는 대신, 여러 채권으로 구성된 포트폴리오에 분산투자하는 효과를 제공하며, 주식처럼 거래소에서 간편하게 사고팔 수 있도록 설계된 금융상품이다.
[5] 주식을 1주 미만의 소수점 단위로 거래하는 방식을 말한다. 예를 들어, 주가가 매우 비싼 주식의 경우 1주를 구매하기에 부담스러울 수 있지만, 소수점 매매를 이용하면 원하는 금액만큼만 투자하여 해당 주식의 일부를 소유할 수 있게 된다.

면, 이후 더 큰 자산도 침착하게 다룰 수 있게 된다. 그래서 첫 투자의 진짜 목표는 수익이 아니라 리듬, 신뢰, 감각의 형성이어야 한다.

1.3 커피값으로 사는 미국 주식 한 조각

한 잔에 5천 원 하는 커피는 아무렇지 않게 결제하면서도, 미국 주식에 투자하는 일은 여전히 먼 이야기처럼 느껴진다. 해외 주식은 뭔가 복잡하고, 환율이나 세금, 기업 정보도 어렵게만 다가온다. 그러나 최근 몇 년 사이, 기술과 금융 플랫폼의 발전은 이 장벽을 거의 없애 버렸다. 지금은 커피 한 잔 값으로도 미국의 대표 기업에 투자할 수 있는 시대다.

가장 손쉬운 방법은 소수점 매매와 ETF를 활용하는 것이다. 예전에는 한 주를 통째로 사야 했기 때문에 애플이나 아마존처럼 주당 수십만 원을 넘는 종목은 소액 투자자의 접근이 어려웠다. 그러나 이제는 1만 원 이하의 금액으로도 ETF를 통해 미국 시장 전체에 투자할 수 있다. 국내 증권사 대부분이 소수점 단위로도 거래를 지원하고 있어, 누구나 한 조각의 자산을 가질 수 있는 구조가 마련되어 있다.

특히 인덱스 ETF는 분산투자 효과를 누릴 수 있다는 점에서 소액 투자자에게 유리한 수단이다. 예를 들어 S&P500 ETF를 한 단위 매수하면, 미국을 대표하는 500개 기업에 동시에 투자하는 셈이 된다. 이는 개별 종목의 리스크를 줄이면서도 시장 전체의 성장에 참여할 수 있는 방법이다. 자산의 절대금액은 적지만, 투자 구조는 이미 완성형인 셈이다.

이러한 소액 투자 경험은 자산을 불리는 기능보다 더 중요한 효과를 가져온다. 그것은 바로 관점의 전환이다. 우리가 늘 이용하고 있는 플랫폼과 브랜드가 단순한 소비 대상이 아니라, 투자 가능 대상이라는 인식이 생기는 순간부터 돈에 대한 태도가 달라진다. 스타벅스를 마시는 소비자에서, 스타벅스의 주주가 될 수 있다는 가능성을 체감하는 것만으로도 투자 감각은 시작된다.

자산은 크기보다 구조가 먼저다. 1만 원으로 시작한 투자가 단기간에 부를 만들어 주지는 않겠지만, 그 경험은 이후의 투자 판단에 영향을 준다. 돈을 어디에 넣고, 얼마나 기다리며, 어떤 기준으로 의사결정을 내릴지를 실제로 겪어 보는 것은 책이나 영상으로 배우는 것보다 훨씬 깊은 학습이 된다. 특히 금액이 적기 때문에 리스크도 작고, 부담 없이 반복할 수 있다.

소비는 빠르게 사라지지만, 투자는 남는다. 커피 한 잔 가격으로 자산의 일부를 확보할 수 있다면, 그 행위는 단순한 '소비 절약'이 아니라 '자산 설계'의 시작이 된다. 중요한 건 얼마를 투자했느냐가 아니라, 언제부터 그 흐름에 들어섰느냐다. 그 첫 경험이 쌓여야 돈은 습관이 되고, 습관은 결국 쌓이는 구조를 만든다.

제2장

500~3,000만 원, 전략이 필요해지는 시점

2.1 이제는 구조가 필요하다 ― 자산 분산의 기초

자산이 500만 원을 넘어서면 돈을 다루는 방식도 바뀌어야 한다. 단순히 모으고 보관하던 시기를 지나, 이제는 그 자산을 어떻게 나누고 어떻게 움직이게 할 것인지에 대한 전략이 필요하다. 예전처럼 전액을 예금에 두거나, 한두 종목에 집중 투자하는 방식은 위험도 크고 지속 가능하지 않다. 자산이 일정 수준에 도달하면, 수익보다 중요한 것은 구조다. 자산이 버틸 수 있는 균형을 만들어 주는 것이 바로 구조 설계의 출발점이다.

이 시점부터는 자산 분산이라는 개념이 실질적인 전략으로 전환된다. 분산은 단순히 여러 곳에 나눠 투자하는 행위가 아니다. 각 자산이 어떤 역할을 하며, 전체에서 어떤 균형을 만들지를 고민하는 일이다. 예를 들어 주식형 ETF는 성장 가능성을, 채권형 자산은 안정성을, 예금은 유동성을, 리츠(REITs, 부동산투자신탁)는 현금흐름을 담당하게 한다면, 같은 금액도 전혀 다른 구조가 된다. 자산을 구분하는 기준은 수익률이 아니라, 기능과 목적이다.

중요한 것은 분산이 복잡할 필요는 없다는 점이다. 오히려 지나친 다양화는 관리 부담만 늘리고, 수익률을 희석시킬 수 있다. 초보 투자자라면 세 가지 정도의 자산 유형에 역할을 부여하는 것만으로도 충분하다. 이를테면 주식형 ETF 40%, 채권형 ETF 30%, 예금 및 현금성 자산 30% 정도의 배분은 기본이면서도 실용적인 구성이다. 이런 식의 분산은 손실을 줄이는 동시에, 자산의 회복력을 만들어 준다.

자산이 커진다는 것은 기회도 늘어난다는 뜻이지만, 동시에 선택의 어려움도 커진다는 의미다. 이럴수록 필요한 것은 감각보다 구조다. 감각은 개인차가 있지만, 구조는 누구에게나 유효하다. 일정한 원칙과 분산의 틀을 갖춘 사람은 상황이 달라져도 흔들리지 않는다. 반대로 구조 없이 투자하는 사람은 자산이 늘수록 더 자주 방향을 잃는다.

분산은 자산의 안정성과 방향을 동시에 확보하는 기술이다. 적은 금액에서는 의미가 작게 느껴질 수 있지만, 규모가 커지면 그 효과는 훨씬 분명하게 나타난다. 자산을 오래 지키고 크게 키우려면, 반드시 분산을 통해 리스크를 분산시키고 흐름을 설계해야 한다. 구조가 생긴 자산은 흔들려도 무너지지 않는다. 자산이 많아질수록 단단한 설계가 필요한 이유가 여기에 있다.

2.2 배당형 ETF, 적립식 펀드, 리츠는 어디까지?
— 현금흐름 중심 설계

자산이 어느 정도 모이면 자연스럽게 드는 생각이 있다. "이 돈이 매달 뭔가를 만들어 줬으면 좋겠다." 단순히 가격이 오르기를 기다리는 것이 아니라, 매달 일정 금액이 들어오는 구조를 원하는 것이다. 그 순간부터 자산은 '모으는 것'이 아니라 '흐르게 만드는 것'으로 전환된다. 이런 관점에서 등장하는 것이 바로 배당형 ETF, 적립식 펀드, 그리고 리츠와 같은 현금흐름 기반 자산이다.

배당형 ETF는 일정 주기마다 배당 수익을 제공하는 상품으로, 안정적이고 예측 가능한 흐름을 만들어 준다. 대표적인 배당 ETF는 고배당주에 투자하거나, 일정 배당 성향을 유지하는 기업들로 구성되어 있다. 가격 변동은 존재하지만, 일정한 시점에 배당금이 들어온다는 점에서 소득 보완 수단으로서 유용하다. 특히 소액으로도 시작할 수 있어 초입기 투자자에게 적합한 수단이 된다.

적립식 펀드는 자산을 한꺼번에 투자하지 않고 일정 금액씩 분할

해 투입하는 방식이다. 주로 변동성이 있는 시장에 장기적으로 접근할 때 사용되며, 평균 매입단가를 낮추는 효과를 기대할 수 있다. 특히 시장 타이밍을 정확히 맞추기 어려운 일반 투자자에게는 유용한 투자 습관으로 작용한다. 배당형 펀드를 적립식으로 설정하면 수익성과 안정성의 균형을 도모할 수 있다.

리츠는 부동산을 기초자산으로 하는 구조로, 배당을 통해 투자자에게 임대 수익 등을 환원한다. 부동산에 직접 투자하기 어려운 개인도 일정 금액으로 상업용 건물, 물류창고, 호텔 등에 간접 투자할 수 있는 수단이다. 리츠는 배당 수익률이 비교적 높고, 분기 또는 반기 단위로 배당이 이뤄져 현금 흐름 관리에 도움이 된다. 단, 금리와 경기 상황에 따라 가격 변동성이 존재하므로 리츠 역시 포트폴리오 내에서 역할을 구분해 운용해야 한다.

이러한 현금흐름 자산들은 수익률 경쟁이 아닌 '구조 설계'의 도구로 봐야 한다. 가격 상승이 목적이 아니라, 자산이 매달 일정한 흐름을 만들어 준다는 감각을 익히는 데 의미가 있다. 이는 장기적으로 자산이 나를 대신해 일하게 만든다는 '운용자 감각'을 기르는 데 효과적이다. 단기 수익에 일희일비하는 것이 아니라, 자산을 통해 생활의 안정성과 예측 가능성을 높이는 방향으로 발상이 전환된다.

현금흐름 중심 자산은 자산을 단순한 숫자가 아닌 구조로 인식하게 만든다.

배당, 분배금, 이자, 임대료처럼 자산에서 나오는 '소득의 속성'을 경험한 사람은, 더 이상 자산을 가격으로만 보지 않는다. 지금 이 돈이 무엇을 만들고 있는지를 자각하게 되고, 이후 자산 선택의 기준 또한 바뀌게 된다. 돈이 흐른다는 감각을 익히는 첫 시작이 바로 이 시점이다.

2.3 ISA와 연금저축의 골든타임 — 절세 구조의 입구 이해

자산이 쌓이기 시작하면, 그다음 고민은 '얼마를 벌 것인가'보다 '얼마를 지킬 수 있는가'로 옮겨 간다. 이 시점부터 절세는 선택이 아니라 전략이 된다. 돈을 많이 벌어도 세금으로 빠져나가는 비율이 커지면, 실제 자산의 순성장은 둔화된다. 따라서 자산이 500만~3,000만 원 규모에 도달한 시점은 절세형 상품에 본격적으로 진입할 수 있는 가장 좋은 타이밍이다.

ISA(개인종합자산관리계좌)는 다양한 금융상품을 한 계좌 안에 담을 수 있는 구조로, 이자나 배당에 대해 일정 한도까지 비과세 또는 저율 분리과세 혜택을 제공한다. ETF, 펀드, 예금, RP 등 다양한 자산을 조합할 수 있어, 분산투자와 절세를 동시에 설계할 수 있다는 점이 장점이다. 특히 수익이 일정 수준 이상 발생할 가능성이 있는 사람일수록, ISA는 실질 수익률을 방어하는 데 매우 효과적인 수단이 된다.

연금저축계좌는 노후 대비용으로 활용되지만, 절세 효과 측면에서도 핵심적인 역할을 한다. 연간 납입 한도 내에서 세액공제를 받을 수 있으며, 일정 연령 이후 수령할 경우 퇴직소득세 수준으로 낮은 세율이 적용된다. 이는 단순히 연금을 준비하는 차원을 넘어, 소득이 있는 시기에는 세금을 줄이고, 은퇴 이후에는 낮은 세율로 분산 수령하는 구조적 장점을 제공한다. 특히 연금저축은 장기투자에 적합한 ETF와도 연계할 수 있어, 투자성과와 세제혜택을 동시에 추구할 수 있다.

이 시점에 ISA와 연금저축을 함께 고려하면 전략은 더욱 탄탄해진다. ISA는 단기 중기 자산의 절세 수단으로, 연금저축은 장기 자산의 축적 구조로 나누어 기능을 분리할 수 있다. 이를 통해 한쪽은 유동성과 수익 중심으로, 다른 한쪽은 미래소득 보완과 안정 중심으로 배치하는 설계가 가능해진다.

단순히 '세금 덜 내는 계좌'로 보는 것이 아니라, 자산의 시간을 구분하는 전략적 프레임으로 접근해야 한다. 절세는 기술이 아니라 구조다. 어떤 계좌에 어떤 자산을 담느냐에 따라, 같은 수익도 세후 성과가 달라질 수 있다.

그리고 그 차이는 복리[6]의 시간 속에서 상당한 격차를 만들어 낸다. 세금을 줄이는 전략은 결코 부자들만의 것이 아니다. 지금 이 시

---

[6] 원금 외에 이자에 다시 이자가 붙는 방식으로, 장기 투자의 경우 단리와의 차이는 갈수록 극명하게 드러난다.

점이 바로, 소득과 자산이 본격적으로 연결되기 전 '첫 절세 구조'를 만드는 골든타임이다.

2.4 자산 성장과 절세의 분기점
— 흐름을 나누는 힘 (심화학습)

자산이 어느 정도 축적되기 시작하면, 단순히 돈을 모으는 것만으로는 더 이상 충분하지 않다. 이 시점부터는 흐름을 단일 경로로 방치하는 것이 아니라, 목적에 따라 분기시키고, 전략적으로 관리하는 힘이 필요하다. 이 흐름을 이해하는 데 도움이 되는 이론적 틀이 바로 '목적 기반 자산관리 이론(Goals-Based Wealth Management Theory)'[7]과 '절세 최적화 구조(Tax Optimization Structures)'[8]이다.

'목적 기반 자산관리 이론'은 투자관리론(Portfolio Management)과 재무설계(Financial Planning) 분야에서 발전한 개념이다. 이 이론에 따르면, 자산이 일정 규모에 도달하게 되면 하나의 통로를 통해 흘려보내는 것이 아니라, 자산의 성격과 사용 목적에 따라 여러 갈래로 분기하여 관리하는 것이 수익성과 안정성을 동시에 확보하는 데 필수적이라는 것이다. 예를 들어, 생활비 목적의 자산과 장기투자

---

[7] Jean L. Brunel, *Goals-Based Wealth Management*, Wiley, 2015.
[8] CFA Institute, *Private Wealth Management*, 2023 Curriculum.

목적의 자산, 은퇴자금 마련을 위한 자산은 각각 다른 경로를 통해 운용되어야 한다.

이 분기 구조는 다음과 같이 설계된다.

첫째 유동성과 안정성을 최우선으로 하는 자산(생활비, 비상금)은 저위험·고유동성 상품(예금, MMF[9] 등)으로 운용하고, 둘째 중기적 성장과 현금흐름을 목표로 하는 자산(목돈 마련, 부동산 투자 준비금 등)은 배당형 ETF, 리츠, 고배당주에 배분하며, 셋째 장기적 자산 증식과 절세를 노리는 자산(은퇴자금, 장기 투자자산 등)은 연금저축, ISA, TDF(Target Date Fund)[10] 등 세제혜택이 가능한 계좌를 통해 운용한다.

특히, 절세 최적화 구조는 이 분기 구조를 완성하는 핵심 열쇠다. 세금은 자산 성장의 가장 큰 적이다. 일반 계좌에서는 매매차익, 배당소득에 대해 기본 15.4% 이상의 세금이 부과되지만, ISA 계좌는 일정 한도까지 비과세 혜택을 제공하고, 연금저축은 세액공제 혜택을 통해 소득세를 절감할 수 있다. 장기적인 자산 증식을 위해서는 세후 수익률을 고려해 자산을 배치하는 것이 절대적이다.

---

9) Money Market Fund: 단기금융상품에 투자하여 비교적 안정적인 수익을 추구하는 펀드로, 고객으로부터 모은 자금을 만기가 짧고 신용도가 높은 국공채, 은행의 양도성예금증서(CD), 기업어음(CP) 등에 주로 투자한다.

10) 목표시점펀드 또는 생애주기펀드: 목표시점(예: 은퇴시점)에 맞춰 자산 배분을 자동으로 조정해 주는 펀드로, 운용 초기에는 주식 투자 비중이 높고, 은퇴시점이 다가올수록 채권·안전자산 투자 비중이 늘어난다. 예) TDF 2050은 2050년 은퇴 예정자를 위한 펀드이다.

이러한 흐름을 이해하지 못하면, 자산이 늘더라도 매년 발생하는 세금에 의해 성장 속도가 둔화되고, 불필요한 리스크에 노출될 수 있다. 반면, 자산의 성격에 맞게 흐름을 나누고, 절세 구조까지 염두에 둔 포트폴리오를 설계한 사람은 작은 자산도 꾸준히 증폭시킬 수 있다.

500만~3,000만 원 구간은 단순히 '투자해 볼까'를 넘어 '어떻게 구조화할까'를 고민해야 하는 분기점이다. 이 시기에 자산 흐름을 분기하고, 절세 전략을 세운 사람과 그렇지 않은 사람 사이에는 시간이 갈수록 극명한 차이가 벌어진다. 돈은 단순히 모으는 것이 아니다. 목적에 따라 흐름을 갈라내고, 각 흐름에 가장 적합한 구조를 입히는 것. 그것이 진짜 자산 관리자의 시작이다.

제3장

5,000만 원 이상, 투자보다 리스크 관리의 시대

3.1 돈이 많아질수록 '지킨다'는 감각이 중요해진다

자산이 5천만 원을 넘어서면 투자자의 사고방식은 달라져야 한다. 이전까지는 수익을 얼마나 낼 수 있는지가 핵심이었다면, 이제는 손실을 얼마나 막을 수 있는지가 훨씬 중요해진다. 자산이 커질수록 한 번의 판단 실수가 전체 포트폴리오에 미치는 영향은 치명적일 수 있다. 단기 성과보다 장기 구조를 설계하는 역량이 더 중요한 시점이다. 이때부터 투자는 단순한 선택의 문제가 아니라, 나의 자산을 장기적으로 지킬 수 있는 틀을 만드는 일로 바뀐다.

소액을 투자할 때는 일정 부분의 실패나 손실도 감당할 수 있다.

하지만 자산이 커지면 심리적 부담도 커지고, 시장의 작은 변동에도 쉽게 흔들리게 된다. 수익률의 높고 낮음보다는, 내가 감당할 수 있는 리스크의 범위 안에서 자산을 안정적으로 유지하는 것이 핵심이 된다. 이 때문에 일정 수준 이상의 자산을 가진 사람일수록 투자 수단보다도 자산 구조를 먼저 고민하게 된다. 얼마나 벌 수 있을지를 묻기보다, 얼마나 지킬 수 있을지를 먼저 따지는 것이다.

리스크를 관리한다는 것은 단순히 방어적으로 머문다는 뜻이 아니다. 그것은 자산이 흔들릴 수 있는 경로를 미리 파악하고, 그 흐름을 제어할 수 있는 장치를 마련하는 일이다. 고액자산가들이 실질 수익률보다는 세후 수익, 복원력, 유동성을 더 중시하는 것도 같은 맥락이다. 투자에 대한 감각이 쌓인 사람일수록 수익률보다도 하방 위험에 더 민감하게 반응한다. 실제 자산을 유지하고 늘려 가는 힘은 한두 해의 고수익이 아니라, 장기적으로 버티는 구조에서 나온다.

이제부터 자산은 개별 상품이 아니라 시스템으로 접근해야 한다. 어떤 자산은 성장의 역할을 맡고, 어떤 자산은 수익의 안정성을 담당하며, 또 다른 자산은 유동성과 비상시 대응력을 확보하는 기능을 한다. 이 세 가지가 균형을 이루는 구조 안에서만 자산은 흔들리지 않고 유지된다. 자산 규모가 커질수록 한 번의 큰 손실을 복구하는 데 걸리는 시간도 길어지기 때문에, 무엇보다도 균형 있는 설계가 중요하다. 그리고 그 설계의 출발점은 '지킨다'는 감각에서 비롯된다.

　자산이 커지면 누구나 더 높은 수익을 기대하게 된다. 그러나 진짜 중요한 질문은 "얼마나 벌 수 있는가?"가 아니라 "10년 뒤에도 이 자산이 유지되고 있을까?"다. 단기 수익에 집착하면 일시적인 성공은 가능할지 몰라도, 장기적으로는 구조가 무너지기 쉽다. 이제부터는 수익률의 경쟁이 아니라, 구조의 복원력을 설계하는 것이 진짜 투자자의 일이다. 자산이 많아졌다면, 속도가 아니라 지속 가능성을 먼저 점검해야 할 때다.

3.2 커버드콜, 채권, 로보어드바이저의 조합
— 보수적 자산 운용 전략

　자산이 일정 수준을 넘어서면, 고수익보다 중요한 것이 안정성과 예측 가능성이다. 시장은 언제나 출렁이고, 그 변동성은 자산이 커질수록 더 크게 체감된다. 이때 필요한 것은 리스크를 완전히 회피하는 것이 아니라, 감당 가능한 구조 속에서 완충 장치를 갖추는 일이다. 그러한 전략적 완충 수단으로 커버드콜 ETF, 채권형 자산, 그리고 로보어드바이저 기반 자동 운용 시스템이 주목받고 있다. 이 조합은 수익률을 극대화하기보다, 수익의 흐름을 일정하게 유지하면서 자산의 방어력을 높이는 데 중점을 둔다.

커버드콜 전략은 주식 또는 ETF를 보유한 상태에서 해당 자산에 대한 콜옵션을 매도해 옵션 프리미엄을 수취하는 방식이다. 시장이 급등할 경우 수익은 제한되지만, 횡보하거나 하락할 경우에는 프리미엄 수익을 통해 손실을 완충할 수 있다. 특히 높은 배당 성향을 가진 주식형 ETF와 결합될 경우, 안정적인 현금 흐름이 발생하고, 심리적인 부담도 줄어든다. 커버드콜은 자산의 변동성이 신경 쓰이기 시작한 투자자들에게 '완만한 수익 곡선'을 제공하는 방어형 도구로 유용하다.

채권은 전통적으로 자산의 안전판 역할을 해 왔다. 금리 상승기에 채권의 가격은 하락하지만, 일정 수준 이상의 금리가 안정되면 채권은 꾸준한 이자 수익을 통해 자산의 안정성을 뒷받침한다. 특히 우량 채권이나 단기 채권 ETF는 유동성 확보와 하방 위험 방어라는 측면에서 유리하다. 채권은 주식과의 상관관계가 낮기 때문에, 포트폴리오에 함께 포함될 때 전체 자산의 변동성을 줄이는 역할을 한다. 따라서 일정 비율의 채권 보유는 감정적 대응을 줄이고, 자산을 구조적으로 견고하게 만드는 데 효과적이다.

로보어드바이저는 알고리즘[11]을 기반으로 투자자의 성향, 목표, 시장 상황 등을 분석하여 자산을 자동으로 배분해 주는 시스템이다. 복잡한 판단을 줄이고, 인간의 감정 개입 없이 일정한 원칙에 따라

---

11) Algorithm: 어떤 문제를 해결하거나 목표를 달성하기 위한 명확한 절차나 규칙의 집합으로, 로보어드바이저에서는 투자자의 성향과 시장 데이터를 바탕으로 포트폴리오를 자동으로 구성하고 관리하는 수학적·통계적 규칙 체계이다.

자산을 운용할 수 있도록 돕는다. 특히 바쁜 직장인이나 투자에 대한 정보가 부족한 개인 투자자에게 로보어드바이저는 균형 잡힌 포트폴리오를 설계하는 유용한 도구가 된다. 리밸런싱[12]이 자동으로 이루어지고, 투자자에게 심리적 안정감을 제공한다는 점에서 자산이 커질수록 더 큰 가치를 발휘한다.

이 세 가지 전략은 모두 보수적인 운용 철학에 기반을 두고 있지만, 자산을 수동적으로 방치하는 것과는 전혀 다르다. 커버드콜은 프리미엄을 통한 수익의 흐름을 만들고, 채권은 이자 수입과 안정성을 제공하며, 로보어드바이저는 구조적인 균형을 유지시킨다. 세 가지 수단을 조합하면, 수익률은 높지 않더라도 예측 가능한 자산 흐름과 복원력이 확보된다. 돈이 많아졌다면 이제는 더 버는 법보다도 덜 잃는 법을 고민해야 하고, 이 조합은 바로 그 출발점이 된다.

3.3 고액자산가가 먼저 알아보는 구조
─ 세금, 구조, 비상장·PEF까지

자산이 1억 원에 가까워지면, 일반적인 금융상품만으로는 자산 전체를 다루는 데 한계가 생긴다. 단순히 수익률이 높은 상품을 선택하는 것이 아니라, 세금을 고려한 순수익 관리, 구조적 배분 전략, 장

---

12) Rebalancing: 시간이 지나면서 변한 자산 비중을 다시 원래 목표 비율로 조정하는 것.

기적 자산 이전까지 포함한 설계가 필요해진다. 이 단계에서는 더 이상 '무엇을 살까'가 아니라 '어떻게 설계할까'라는 질문이 중심이 된다. 고액자산가들이 처음부터 다르게 보는 것은 바로 이 지점이다. 같은 금액이라도 구조를 가진 자산은 위험에 강하고 시간이 지날수록 차이를 만든다.

세금은 자산이 커질수록 반드시 선제적으로 고려해야 할 요소다. 수익이 클수록 과세 부담도 증가하고, 상품 유형과 계좌 구조에 따라 세후 수익률은 크게 달라질 수 있다. 예를 들어 같은 수익률을 기록한 주식형 ETF와 일반 주식, 해외 주식과 국내 상장지수펀드는 세율과 과세 시점이 서로 다르다. 연금저축, IRP[13], ISA와 같은 계좌는 일정 한도 내에서 절세 혜택을 주지만, 자산이 많을수록 한도가 금방 소진된다. 이 때문에 고액자산가들은 투자와 과세를 함께 고려한 '세후 기준 포트폴리오'를 구성한다.

자산이 커지면 유동성, 안정성, 성장성이라는 세 가지 축을 분리하여 운용하는 방식이 일반적이다. 생활비와 예비자금은 예금이나 단기채권으로 유지하고, 중기 목표 자산은 배당 ETF나 리츠, 장기 성장을 위한 자산은 글로벌 주식이나 대체투자에 배치한다. 이렇게 목

---

13) Individual Retirement Pension: 개인형 퇴직연금을 뜻하며, 개인이 스스로 노후자금을 준비할 수 있도록 만든 연금계좌로, 근로자·자영업자·공무원·주부 등 누구나 가입이 가능하고, 연간 최대 900만 원까지 세액공제(퇴직연금과 합산)가 가능하며, 운용자산은 예금·펀드·ETF·TDF 등 다양하게 선택 가능하고, 연금 형태로 수령 시 과세 이점(분리과세 3.3~3.5%)이 있다. 다만, 중도 인출이 제한된다. 즉 원칙적으로 노후 목적으로만 사용 가능하고, 일정 사유 외에는 해지가 불가하다.

적과 기간, 리스크 성향을 구분해 자산을 배치하는 방식은 단순한 투자 분산과는 차원이 다르다. 이는 '용도별 계좌 설계' 또는 '기능별 자산 분류'라 부를 수 있으며, 장기적으로 자산을 지속 가능하게 만드는 핵심 원칙이 된다.

이 단계에서 일부 고액자산가들은 비상장 투자[14], 사모펀드(PEF)[15], 프리IPO[16] 투자 등 비전통 자산으로 시야를 확장한다. 이런 상품들은 정보 접근성이 낮고 리스크도 크지만, 시장에 없는 구조와 분산 기회를 제공하기 때문에 자산의 일부에 한해 전략적으로 활용된다. 특히 일정 수준 이상의 여유자금을 가진 경우, 이자나 배당 중심의 자산만으로는 만족할 수 없는 성장성을 대체하기 위해 이러한 도구를 검토하게 된다. 다만 접근 이전에 전체 자산 구조 안에서 그 위치와 리스크 한계를 명확히 설정하는 것이 선행되어야 한다.

고액자산가는 투자를 상품으로 보지 않고 구조로 본다.

자산이 얼마나 있느냐보다, 그 자산이 어떻게 배치되어 있고, 어떤 흐름과 역할을 갖는지가 성과를 가른다. 자신의 상황에 맞는 조합과

---

14) 증권거래소에 상장되지 않은 회사(비상장 기업)에 투자하는 것을 말한다. 쉽게 말해, 아직 주식시장에 나오지 않은 회사에 먼저 투자하는 것이다.

15) Private Equity Fund: 소수의 전문가가 50인 미만의 투자자를 대상으로 자금을 비공개로 모집하여 운영하는 펀드이다. 공모펀드와 달리 투자자 제한(50인 미만)이 있으며, 대상 투자자는 자본시장법상 적격 요건을 갖춘 전문 투자자(예: 개인 전문 투자자, 법인 전문 투자자, 기관 투자자)여야 한다. 운용방식은 주식, 채권뿐만 아니라, 비상장주식, 부동산, 인프라, 파생상품 등에도 투자가 자유로우며, 공격적인 고수익·고위험 전략이 가능하다. 기업을 인수하여 구조조정 후 매각(바이아웃)하거나, 비상장 성장기업에 투자했다가 기업상장(IPO)으로 수익을 회수(엑시트)하는 방법들도 흔히 활용된다.

16) Pre-IPO: 상장(IPO) 직전 단계에서 이뤄지는 투자 또는 자금조달을 의미한다.

구성을 만들어 가는 능력이야말로 부를 지키고 키우는 핵심 전략이다. 그리고 그 전략은 지금 당장 1억이 없어도, 그 방향을 이해하고 준비하는 사람에게 열리는 문이다.

제3부

나는 왜 투자하는가
— 목적별 전략 가이드

제1장

매달 들어오는 돈이 필요하다면
— 배당 전략의 모든 것

1.1 배당은 '수익률'이 아니라 '생활구조'다

사람들이 배당을 이야기할 때 '몇 퍼센트냐'는 숫자에만 집중한다. 그러나 배당의 핵심은 수익률 계산이 아니라, 정해진 시점에 들어오는 현금 흐름 그 자체에 있다. 가격이 오르지 않아도 일정한 시기에 수익이 들어온다는 안정감, 그리고 그것이 생활비의 일부가 될 수 있다는 예측 가능성이 배당 전략의 본질이다. 배당은 자산이 일을 해서 나에게 돈을 가져다주는 구조를 만드는 일이다. 그 구조가 자리를 잡으면, 자산은 이제 숫자가 아니라 나의 삶을 유지시키는 시스템이 된다.

주가가 많이 올라 큰 수익을 가져다주기를 기대하는 투자자에게는 배당은 매력적이지 않을 수도 있다. 그러나 삶의 리듬에 맞춰 자산이 현금을 만들어 주는 경험은, 특히 일정한 생활비를 확보하고 싶은 사람에게 큰 의미가 있다. 은퇴 이후를 준비하거나 불규칙한 소득을 보완하고 싶은 사람, 또는 투자수익을 '현금 흐름'으로 전환하고 싶은 사람에게 배당 전략은 매우 실용적이다. 월급처럼 정기적으로 돈이 들어오는 구조는 불안정한 시장에서 투자자의 마음을 단단히 붙잡아 주는 역할도 한다.

배당 전략은 단지 배당률이 높은 종목을 고르는 것이 아니다. 얼마나 자주 지급되는지, 얼마나 안정적으로 지급되는지를 함께 고려해야 한다. 연 1회 배당보다 분기 배당, 분기보다 월 배당 구조가 생활 흐름과 더 잘 맞을 수 있다. 또한, 기업의 실적 변동성, 배당성향, 산업군의 특성 등도 함께 봐야 배당이 실제 생활 기반으로 작동할 수 있다. 배당은 숫자보다 구조를 먼저 보는 전략이다.

자산이 많지 않더라도 배당 전략은 시작할 수 있다. 중요한 것은 금액이 아니라 흐름의 설계다. 매달 몇 만 원이라도 배당이 들어오기 시작하면, 자산이 나를 위해 일하고 있다는 실감이 생긴다. 그 감각은 투자에 대한 관점을 바꾸고, 소비와 저축의 흐름에도 영향을 준다. 수익률이 아니라 생활의 일부로서 배당을 바라보게 되는 순간, 우리는 투자에서 한 단계 깊은 구조에 진입하게 된다.

1.2 고배당주, 월배당 ETF, 리츠… 무엇이 다를까?

　배당을 받기 위해 어떤 상품을 선택할지는 단지 수익률을 비교해서 정할 문제가 아니다. 같은 배당률이라도 자산의 구조, 지급 시기, 가격 변동성, 세금 적용 방식이 다르면 체감되는 투자 효과는 전혀 다르다. 배당 전략은 '생활에 맞는 현금 흐름'을 설계하는 일이기 때문에, 상품의 성격을 제대로 이해하고 선택하는 것이 중요하다. 고배당주, 월배당 ETF, 리츠는 모두 배당을 목적으로 삼을 수 있지만, 그 구조와 목적은 뚜렷하게 구분된다.

　고배당주는 기업이 이익의 일정 비율을 주주에게 환원하는 방식이다. 보통 연 1회 또는 2회 배당을 실시하며, 안정적인 실적을 유지하는 기업일수록 지속적인 배당이 기대된다. 하지만 개별 종목은 시장 상황이나 산업 환경에 따라 주가가 크게 변동할 수 있고, 배당이 갑자기 중단되는 경우도 있다. 따라서 고배당주는 기업 분석 능력이 전제되어야 하며, 장기 보유 시에도 가격 변동 리스크를 감안해야 한다. 배당을 '현금 흐름'보다는 '주주 환원 수단'으로 접근할 때 적합한 전략이다.

　월배당 ETF는 여러 종목을 묶어 구성한 펀드형 상품으로, 매월 일정한 배당을 제공한다는 점에서 생활비 흐름과의 궁합이 좋다. 특히 고배당주 ETF, 리츠 ETF 등은 분산 투자 구조를 갖고 있어 개별 종목에 비해 상대적으로 리스크가 낮은 경우가 많고, 자동 리밸런싱 기능도 갖추고 있다. 하지만 ETF 역시 주가의 등락에 따라 평가금액은 흔들릴 수 있으며, 배당 지급일과 금액은 상품마다 다르기 때문에 구조를 꼼꼼히 확인할 필요가 있다. ETF는 '관리 가능한 흐름'을 만들고자 할 때, 실용적인 도구로 활용될 수 있다.

리츠는 부동산 자산에서 발생하는 임대 수익을 바탕으로 배당을 실시하는 구조다. 상업용 빌딩, 물류센터, 호텔 등에서 발생하는 수익이 근간이기 때문에, 경기나 금리에 따라 배당 수준이 영향을 받을 수 있다. 일부 리츠는 분기 배당 또는 반기 배당을 실시하며, 수익률은 높지만 유동성과 가격 변동성이 더 클 수 있다. 리츠는 부동산에 직접 투자하지 않고도 '임대 수입형' 자산을 가질 수 있다는 점에서 포트폴리오 다양화 측면에서 의미가 있다.

이 세 가지는 모두 배당이라는 이름을 공유하지만, 실제로는 투자자의 목적과 상황에 따라 선택의 기준이 달라진다. 정기적인 생활비를 원한다면 월배당 ETF가 적합하고, 장기적 자본성과를 함께 고려한다면 우량 고배당주가 대안이 될 수 있다. 포트폴리오에 부동산 계열 자산을 포함시키고 싶다면 리츠도 고려 대상이다. 중요한 것은 이 세 가지를 수익률 순으로 줄 세우는 것이 아니라, 각자의 구조와 생활 흐름에 맞는 전략으로 조합하는 것이다.

1.3 커버드콜 전략의 진짜 구조 — 월지급 구조 해설

커버드콜 전략은 일정한 현금 흐름을 원하지만 자산의 급격한 변동은 피하고 싶은 투자자에게 적합한 수단이다. 기본 구조는 주식이나 ETF를 보유한 상태에서 해당 자산에 대한 콜옵션을 매도하는 방식이다.[17] 주가가 크게 상승하면 수익이 제한되지만, 시장이 횡보하거나 약세일 때는 옵션 프리미엄을 통해 꾸준한 수익을 확보할 수 있다. 결과적으로 상승장에서의 일부 수익을 포기하고, 대신 예측 가능한 현금 흐름을 얻는 전략이라고 볼 수 있다. 배당처럼 일정한 시기에 들어오는 수익을 만들 수 있다는 점에서, 커버드콜은 '수익률 게임'보다 '흐름 설계'에 가까운 전략이다.

최근에는 이러한 커버드콜 전략이 ETF 형태로 상품화되어, 일반 투자자도 쉽게 활용할 수 있게 되었다. 미국의 대표 주가지수를 기반으로 설계된 커버드콜 ETF들은 매월 일정한 분배금을 지급하는 구조로 운용된다. 예를 들어, 나스닥100 기반 커버드콜 ETF는 고배당 성향과 옵션 프리미엄[18] 수익을 결합해 월지급 배당을 만들어 낸다. 이로 인해 수익의 안정성과 예측 가능성이 높아져, 연금처럼 생

---

17) '커버드콜'에 대해 구조를 예를 들어 설명하면, A 회사 주식 10만 원어치를 들고 있는 경우 주가가 13만 원으로 오르면 3만 원의 차익을 얻겠지만, 주가가 하락할 위험성도 있으므로 매도 목표 시점에 동 주식을 11만 원에 살 수 있는 권리(옵션)를 1만 원을 받고 현 시점에 팔게 되면 주가 하락에 따른 손실은 커버된다. 또한, 옵션 매도로 1만 원을 이미 받았으므로 주가가 12만 원 이상 오르지 않는 한 전체적으로 이익이다.
18) 옵션을 매도하고 받은 대가.

활비 흐름을 만들고자 하는 투자자에게 적합한 상품으로 소개되고 있다.

하지만 커버드콜 전략 역시 완전한 방어 수단은 아니다. 커버드콜 전략의 한계로는 주가가 급락할 경우 옵션 프리미엄만으로는 손실을 막기 어렵고[19], 반대로 주가가 크게 상승할 경우, 옵션 매도로 인해 수익은 제한된다. 따라서 횡보국면의 시장에서 상대적으로 유리한 전략이라고 할 수 있다. 또한, 옵션 시장의 변동성과 '옵션 프리미엄' 수준에 따라 월 수익의 크기도 달라질 수 있다. 이런 특성 때문에 커버드콜 전략은 자산 전체가 아닌 일부 구간, 특히 '현금 흐름 생성'이라는 명확한 목적을 가진 영역에 배치해야 한다. 리스크를 감수하고 고수익을 노리는 것이 아니라, 일정한 생활 자금을 만드는 데 목적이 있다는 점을 분명히 인식해야 한다. 즉, 연금을 포함한 자산 포트폴리오에 있어서 핵심이 되는 자산(Core)이 아니라 일정 금액을 현금 흐름을 위해 배분해 두는 성격으로 접근해야 한다는 의미이다.

커버드콜 전략을 이해하면 우리는 배당이라는 개념을 전혀 다른 방식으로 바라보게 된다. 배당이란 기업이 정한 정책이 아니라, 투자자가 직접 설계할 수 있는 흐름이 될 수 있다. 커버드콜은 시세 차익을 추구하기보다는, 자산이 매월 돈을 만들어 주는 구조를 구성하는 기술이다. 그 흐름이 자리를 잡으면, 우리는 자산이 불확실한 시

---

19) 커버드콜은 주식을 보유하면서 동시에 콜옵션을 매도하는 전략인데, 주가가 급락하면서 보유 주식에서 직접적인 시세 손실이 크게 발생하는 경우 콜옵션 매도로 받는 고정된 프리미엄만으로는 커버하기가 어려워진다.

장에서 일관된 안정감을 제공한다는 것을 체감하게 된다. 이것이야말로 배당 전략의 궁극적인 목적, 즉 삶의 리듬을 자산 구조에 맞춰 세팅하는 일이다.

제2장

내 돈을 불리고 싶다면
— 성장형 투자 전략

2.1 인덱스 투자란 결국 '시장을 사는 것'이다

성장형 투자를 시작하려는 사람에게 가장 합리적인 출발점은 인덱스(Index) 투자다. 인덱스란 특정 시장이나 섹터의 평균적인 움직임을 나타내는 지표(지수)이며, 인덱스를 추종하는 ETF나 펀드를 사는 것은 곧 그 특정 시장 전체를 사는 것과 같다. 즉, 개별 기업의 성과를 예측하고 매수하는 것이 아니라, 특정 시장의 성장 자체에 참여하는 방식이다. 특정 시장 전체가 장기적으로 우상향한다는 믿음 위에서 작동하는 전략이며, 통계적으로도 대부분의 개인 투자자가 개별주 투자보다 인덱스를 추종할 때 더 나은 성과를 낸다는 결과가 반복적으로 증명되고 있다.

인덱스 투자의 가장 큰 강점은 예측보다 구조에 기반을 둔다는 점이다. 개별 종목을 고르는 전략은 시장과 기업, 산업 전반에 대한 해석과 시기의 판단을 요구한다. 반면 인덱스는 이미 검증된 기업들의 묶음에 자동으로 투자하게 되며, 성과가 부진한 기업은 지수에서 자연스럽게 탈락하고 강한 기업만이 남는 구조로 재편된다. 이러한 '자동 리밸런싱' 메커니즘은 투자자가 별도로 판단하거나 개입하지 않아도 장기적인 성장성을 유지할 수 있게 해 준다. 주식시장에서 성공의 조건에는 '판단력'도 있지만, '버티는 힘'도 중요한 점을 고려하면, 인덱스 투자는 좋은 '지속 가능한 전략'이 될 수 있다.

또한, 인덱스 투자는 시간과 수수료 면에서도 효율적이다. 펀드매니저의 능력에 의존하지 않고 기계적으로 시장 평균을 추종하기 때문에 비용이 상대적으로 낮고, 세금이나 슬리피지 비용[20]도 줄일 수 있다. 장기 투자에서는 이 작은 차이들이 복리 효과를 통해 큰 격차를 만든다. 인덱스를 정기적으로 일정 금액씩 매수하는 '적립식 투자'는 시장 타이밍을 고려하지 않고도 평균 매입단가를 낮추며, 하락장에서도 꾸준히 매수하는 구조를 통해 회복 시 더 높은 수익률을 실현할 수 있다. 이처럼 인덱스는 기회보다 구조, 기술보다 습관에 투자하는 전략이다.

무엇보다 중요한 것은, 인덱스 투자는 단순하지만 결코 수동적인

---

[20] Slippage cost: 주문을 넣은 가격과 실제 체결된 가격의 차이로 인해 발생하는 손실.

전략이 아니라는 점이다. 시장에 대한 신뢰와 시간의 흐름을 자산의 편으로 만드는 전략이며, 단기적 사건에 흔들리지 않고 장기적 흐름을 붙잡는 방법이다. 수많은 전문가와 데이터가 단기 주가를 예측하려 애쓰는 동안, 인덱스 투자자는 그 모든 경쟁에서 물러나 오히려 안정적인 수익을 확보한다. 투자를 '예측의 게임'에서 '참여의 구조'로 전환하는 순간, 우리는 더 이상 수익률에 흔들리는 사람이 아니라, 시장의 일부로 꾸준히 성장하는 사람이 된다.

2.2 S&P500, 나스닥100, 테크 ETF — 대표적 성장엔진들

인덱스 투자의 철학을 이해했다면, 다음으로는 어떤 지수를 선택할 것인지가 중요해진다. 모든 시장이 동일한 성장성을 갖고 있는 것은 아니기 때문에, 내가 추구하는 수익률의 성격과 투자 기간, 감내 가능한 리스크 수준에 따라 선택이 달라질 수 있다. 이 가운데 가장 대표적인 주식형, 성장형 인덱스는 S&P500, 나스닥(Nasdaq) 등이 있다. 이들은 모두 미국 시장을 기반으로 하고 있지만, 포트폴리오 구성과 성장동력, 변동성 측면에서 서로 뚜렷하게 구분된다.

S&P500은 미국을 대표하는 500개 대형 우량주로 구성된 지수로, 미국 경제 전체를 반영한다고 볼 수 있다. 포트폴리오의 산업 구성도 IT, 금융, 헬스케어, 소비재 등으로 균형 있게 분산되어 있으며, 단일

기업의 주가 변동이 지수 전체에 미치는 영향이 상대적으로 적다. 이런 구조 덕분에 S&P500은 미국 경제의 성장을 꾸준히 반영해 왔다. S&P500은 2000년 초부터 2024년 말까지 25년간, 세 배 이상 상승(약 300%)했으며, 연간 수익률이 마이너스를 기록한 해는 6번이고, 나머지 19번은 상승했다. IT 버블 시기(2000~2002년), 리먼브라더스 금융위기(2008년), 코로나 이후 금리 급등기(2022년) 등을 제외하고는 꾸준한 상승을 보여주고 있으며, 장기 투자자, 특히 첫 인덱스 투자를 시작하는 사람에게 가장 기본이자 중심축이 되는 지수라고 할 수 있다.

나스닥은 기술주 중심의 성장지수로, 애플·마이크로소프트·엔비디아·아마존·메타와 같은 세계적인 테크 기업들이 포진해 있으며 약 3,000개 이상의 기업이 포함된 지수다. 기술 혁신과 플랫폼 지배력이 결합된 구조적 성장을 담고 있으며, 가장 괄목할 만한 성장을 보여온 지수이다. 수익률 측면에서 살펴보면, 2000년 초부터 2024년 말까지 25년간 4.7배(375%) 상승했고 IT 버블이 끝난 2002년 말부터 2024년 말까지 22년간 나스닥 지수는 14배 이상 상승했다.

나스닥 지수는 IT 비중이 크긴 하지만, 금융·소비재·바이오·제조업 등 다양한 산업을 포괄하고 있어 국내에서는 그중 금융업종을 제외한 나스닥100 지수로 ETF를 만든 상품이 대부분 출시되고 있다.

다만 나스닥 및 나스닥100은 변동성도 크기 때문에, 투자 시점이나 경기 상황에 따라 수익률의 진폭이 클 수 있다. 높은 성장성과 리스크를 함께 감내할 수 있는 투자자라면, 나스닥과 나스닥100은 포트폴리오 내에서 공격적 성장 파트로 배치할 수 있다.

그리고 테마형 ETF 중에서는 테크 ETF에 꾸준한 관심을 가질 필요가 있다. 이들은 인공지능(AI) 기술 관련 특정 기업이나 반도체, 데이터 인프라, 플랫폼 기업 등에 집중 투자하는 테마형 상품이라고 할 수 있는데, 일반적인 인덱스와 달리 섹터 편중도가 높고, 기업 수가 제한적이기 때문에 변동성은 클 수 있다. 그렇지만 지금까지 그래왔듯이, 기술-테크 관련 기업들은 장기적으로 세계산업구조를 바꿀 핵심이라는 점에서 '성장 테마에 진입하는 전략'으로 기능할 수 있다. 다만, 이처럼 높은 기대 수익률을 전제로 하는 상품은 전체 자산 중 일부에만 배치하고, 나머지는 안정적인 지수에 기반한 자산으로 균형을 맞춰야 한다.

이 세 가지는 수익률뿐 아니라, 투자자의 성향과 인생 단계에 따라 적절한 배분 전략이 달라질 수 있다. 예를 들어 20대라면 나스닥100과 테크 ETF의 비중을 상대적으로 높게 설정해도 되지만, 40대 이후에는 나스닥이나 테크 ETF보다는 S&P500의 상대적 안정성과 분산 효과를 중심에 두는 것이 유리하다. 성장형 상품을 고를 때 중요한 것은 단기 성과가 아니라, 그 지수가 어떤 흐름을 담고 있고, 나의 투자 성향과 어떻게 연결되는지를 아는 것이다. 인덱스는 그냥 지수가 아니라, 나의 투자 철학을 반영하는 지시등이다.

2.3 적립식 투자, 테마 ETF, 글로벌 분산전략 실전 편성

인덱스의 성격을 이해하고 선택했다면, 이제 중요한 것은 이를 어떻게 실제로 실행할 것인가다. 자산을 한꺼번에 투입하기보다 일정한 주기로 나누어 매수하는 적립식 투자 방식은 가격 변동의 위험을 줄이고, 감정 개입을 최소화하는 데 큰 도움이 된다. 특히 성장형 자산은 장기적으로 큰 수익을 기대할 수 있지만, 단기 변동성이 클 수 있기 때문에, 정기적으로 투자함으로써 평균 매입단가를 평탄화, 안정화시키는 것이 유리하다. 적립식은 단지 자동이체가 아니라, 시간과 구조를 자산의 편으로 만드는 전략이다.

또 하나의 실전 전략은 테마 ETF를 활용해 시장의 장기 흐름을 포착하는 방식이다. 예를 들어 AI, 클린에너지, 로보틱스, 반도체, 전기차 등은 전 세계적으로 구조적 성장이 예상되는 분야이며, 이를 추종하는 ETF에 일부 자산을 배분함으로써 테마 성장을 포트폴리오에 반영할 수 있다. 다만 테마 ETF는 시장이 과열되었을 때 진입하면 수년간 손실을 감내해야 할 수도 있으므로, 분산투자와 비중조절이 매우 중요하다. 테마형은 수익률을 '강하게' 이끌 수 있지만, 그만큼 관리가 필요한 자산이다.

지역 분산도 성장형 투자 전략의 핵심 요소다. 미국 시장은 전 세계 자본시장의 절반 이상을 차지하며 여전히 가장 강력한 투자처이지만, 유럽, 일본, 신흥국 등도 각기 다른 성장 사이클과 기회를 제공한다. 특히 환율, 지정학적 리스크, 산업구조 등이 서로 다르므로, 지역 분산은 수익원 다변화뿐 아니라 포트폴리오의 복원력을 높여준다. 글로벌 ETF는 각 국가 또는 대륙 단위로 투자할 수 있는 상품이 다양하게 준비되어 있으며, 이를 활용하면 하나의 계좌 안에서도 세계 시장 전체를 설계할 수 있다.

이 세 가지 전략(적립식 매수, 테마 배분, 글로벌 분산)은 각각 독립적인 전략이지만, 함께 조합될 때 포트폴리오의 구조적 완성도를 높인다. 예를 들어 S&P500을 중심으로 적립식으로 매수하면서, 테크 테마 ETF에 일정 비중을 두고, 신흥국 ETF로 지역 다변화를 시도한다면, 하나의 포트폴리오 안에서 안정성과 성장, 확장성을 동시에 추구할 수 있다. 자산을 불리는 데에는 빠른 선택보다 꾸준한 설계가 필요하며, 실전 전략은 그 설계를 생활화하는 과정에서 시작된다.

제3장

세금을 이기는 투자
— 절세형 전략 설계

3.1 세금이 수익을 잠식한다 — 절세는 '벌기'보다 먼저

　많은 사람들이 투자를 시작할 때 수익률만을 계산하지만, 시간이 지나면서 세금이 실제 수익을 얼마나 잠식하는지를 깨닫게 된다. 표면상으로는 같은 10% 수익을 올린 것처럼 보여도, 어떤 구조로 투자했는지에 따라 실제 손에 쥐는 돈은 천차만별이다. 세금은 눈에 잘 보이지 않지만, 수익의 뒤에서 조용히 복리 구조를 흔든다. 특히 장기투자를 할수록 세금의 영향은 기하급수적으로 커지는데, 수익이 발생할 때마다 세금을 내야 하는 구조에서는 복리의 힘이 제대로 작동하지 않는다. 그래서 절세 전략은 수익을 더 얻기 위한 부가 요소가 아니라, 투자 수익의 본질을 지켜 내는 핵심 설계로 작동해야 한다.

세금은 단순한 비용이 아니라, 자산 흐름에 영향을 주는 결정적 요소다. 투자자 대부분은 세금이 나중에 일어나는 문제라고 생각하지만, 실제로는 투자 초기에 어떤 계좌를 쓰고 어떤 상품 구조를 활용하느냐에 따라 세금 부담은 구조적으로 고정된다. 예를 들어 같은 ETF라도 일반 계좌에 담으면 매매차익에 대해 과세되지만, ISA 계좌에서는 한도 내 비과세가 가능하고, 연금계좌에서는 세금이 이연되거나 낮은 세율로 분리과세될 수 있다. 결국, 세금은 사후에 조절하는 것이 아니라, 사전에 설계해야만 하는 영역이다. 자산이 적을 때부터 세금 구조를 이해하고 실천하는 사람과 그렇지 않은 사람의 10년 뒤 총 자산 격차는 단순한 수익률 차이보다 훨씬 크다.

특히 절세는 단순히 '덜 내는 법'이 아니라, 복리의 손실을 막는 구조적 장치라는 점에서 중요하다. 예를 들어 매년 7% 수익을 올리더라도, 그 수익에 매번 세금이 부과되면 복리 효과는 꺾이고 자산의 성장 곡선은 완만해진다. 반면 같은 수익을 세금 없이 일정 기간 누적시킨 후 한 번에 낮은 세율로 과세하면, 최종 수익은 놀라울 만큼 달라질 수 있다. 이 차이는 단기에는 작게 보일지 몰라도, 10년 이상 누적되면 수천만 원 이상의 차이를 만들 수도 있다. 절세 전략은 수익률의 '덧셈'이 아니라 복리 곡선의 '기울기'를 바꾸는 선택이다.

절세는 고액 자산가만의 특권이 아니다. 오히려 자산이 많지 않을 때부터 절세형 계좌와 상품 구조를 체계적으로 활용한 사람이 장기적으로 더 많은 자산을 지키고 불린다. ISA, 연금저축, TDF와 같은 제도들은 누구에게나 열려 있으며, 복잡한 세무 지식 없이도 구조만 이해하면 얼마든지 실천 가능하다. 절세 전략은 시장을 이기는 기술이 아니라, 구조를 설계하는 기술이다. 그리고 그 기술은 투자자라면 누구나 가장 먼저 익혀야 할 수익의 방어선이다.

3.2 ISA, 연금저축, TDF의 구조와 장단점

절세를 위한 투자에서 가장 먼저 고려해야 할 것은 어떤 상품에 투자할지보다, 어떤 '계좌'를 통해 투자할 것인가이다. 같은 ETF라도 일반 계좌에 담느냐, ISA나 연금계좌에 담느냐에 따라 세금 구조는 완전히 달라진다. ISA(개인종합자산관리계좌)는 다양한 금융상품을 하나의 계좌에 담고, 발생한 이익에 대해 비과세 또는 분리과세 혜택을 제공한다. 연금저축은 노후자금을 준비하는 동시에 납입금액에 대해 세액공제를 받을 수 있으며, 수령 시에도 낮은 세율로 과세된다. TDF(Target Date Fund)는 은퇴 시점에 맞춰 자산 배분을 자동 조절해 주는 상품으로, 주로 연금계좌 안에 담아 절세 효과를 극대화한다.

ISA는 단기·중기 자산 설계에 적합하다. 투자자가 직접 펀드, ETF, 예금, 채권 등을 조합할 수 있으며, 계좌 내에서 발생한 매매차익과 배당소득은 연간 200만 원까지 비과세되고, 초과분은 9.9% 저율 과세로 처리된다. 수익이 일정 수준 이상 발생할 수 있는 사람일수록 ISA의 효과는 커진다. 다만, 입금 한도가 정해져 있고, 의무 보유 기간을 채우지 않으면 일부 혜택이 제한되므로, 구조적 이해가 선행되어야 한다. 자산이 점차 쌓이는 과정에서 ISA는 '비과세 창구' 역할을 수행한다.

연금저축은 장기 투자자에게 가장 유리한 절세 수단이다. 매년 일정 한도 내에서 세액공제를 받을 수 있고, 연금 수령 시점에는 이연 과세로 소득세 부담을 낮출 수 있다. 특히 IRP(개인형 퇴직연금)와 함께 활용하면 연간 최대 1,200만 원까지 절세형 연금 적립이 가능하다. 물론 중도 인출이나 연금 외 수령 시 불이익이 따르기 때문에, 자금의 유동성보다 노후 설계에 초점을 둔 자산만 연금저축에 배치하는 것이 바람직하다. 연금저축은 '세금을 이연한 후 낮은 세율로 처리하는 전략'을 가능하게 만든다.

TDF는 연금계좌나 일반 펀드 형태로 운용되며, 투자자의 은퇴 시점에 따라 자동으로 자산 배분이 조정되는 점이 특징이다. 2045년형 TDF에 가입한 투자자는 시간이 지남에 따라 주식 비중이 점점 줄고, 채권이나 안전자산의 비중이 늘어나게 된다. 적극적인 리밸런싱을 하지 않아도 자동으로 위험을 조절할 수 있어, 투자에 많은 시간을 들이기 어려운 사람들에게 적합하다. 다만, TDF 자체의 운용보수나 편입 자산의 질은 상품별로 차이가 있으므로, 장기 전략의 일부로서 신중히 선택해야 한다.

이 세 가지는 모두 절세형 구조를 기반으로 하지만, 자산의 목적과 기간에 따라 구체적 용도가 다르다. ISA는 수익이 자주 발생하는 단기·중기 자산을 위한 통로이고, 연금저축은 노후 자산 설계를 위한 장기 운용 전략이며, TDF는 시간에 따라 위험을 자동 조절하는 구조화된 포트폴리오다. 절세를 고려할 때 중요한 것은 어떤 상품을 '더 아는가'가 아니라, 어떤 구조를 '미리 설계했는가'다. 그리고 그 설계는 지금의 소득보다 미래의 지출까지 내다보는 사람에게만 작동한다.

3.3 ETF를 활용한 절세 포트폴리오 구성 전략

ETF는 구조적으로 절세와 잘 어울리는 투자 수단 중 하나다. 상장지수펀드는 펀드처럼 분산투자의 장점을 가지면서도 주식처럼 실시간 매매가 가능하고, 수수료가 낮으며, 다양한 자산군에 접근할 수 있다는 장점이 있다. 하지만 그보다 중요한 것은 과세 체계에서 ETF가 가진 독특한 위치다. 국내 주식형 ETF는 매매차익에 대해 과세되지 않지만, 해외 주식형 ETF나 특정 테마형 ETF는 과세 대상이 될 수 있다. 이 차이를 이해하고, ETF를 어떤 계좌에 담는지까지 고려하면 수익률이 아니라 세후 성과에서 승부를 낼 수 있다.

ETF를 절세 전략에 적용할 때 가장 먼저 고려해야 할 것은 '계좌와 ETF의 궁합'이다. 국내 주식형 ETF는 일반 계좌에서도 매매차익

비과세가 적용되므로, 다른 절세형 계좌의 한도를 아껴야 할 때 활용 가치가 크다. 반면 해외 주식형 ETF, 글로벌 섹터 ETF, 금·원자재 ETF 등은 매매차익에 대해 22%의 세율이 적용되므로, ISA나 연금계좌에 담아야 실질적인 수익률을 높일 수 있다. 예를 들어 미국 S&P500 ETF에 투자할 경우, 일반 계좌에서는 과세되지만 연금계좌 내에서는 과세 이연 또는 분리과세 혜택을 받을 수 있다. 같은 상품도 어디에 담느냐에 따라 손에 쥐는 수익이 완전히 달라진다.

ETF는 또 배당소득세와 양도소득세의 중첩 문제도 피할 수 있는 장점이 있다. 일반 주식 투자에서는 매매차익과 배당 모두에 세금이 발생하지만, ETF는 배당을 ETF 내부에서 자동 재투자하거나, 비과세 구조를 통해 수익이 축적되도록 설계된 상품이 많다. 특히 장기 투자자는 ETF 내에서 수익이 복리로 굴러가는 구조를 활용하면, 매년 세금을 내는 일반 주식 투자자보다 누적 수익이 더 높아질 수 있다. 수익을 내는 능력보다 수익을 남기는 구조가 중요한 시대에서, ETF는 복리와 절세라는 두 마리 토끼를 동시에 잡는 도구가 된다.

ETF는 자산군 선택과 세금 설계를 동시에 고려해야 하므로, 포트폴리오 구성 시 상품 자체보다도 운용 위치가 중요하다. 예를 들어 국내 주식형 ETF는 일반 계좌에, 해외 ETF는 ISA에, 고배당 ETF는 연금계좌에 담는 식으로 계좌별 전략을 세우는 것이 핵심이다. 또한, 월 배당형 ETF나 커버드콜 ETF처럼 정기 현금 흐름이 발생하는 상품은 연금저축계좌에 넣으면 세제상 이점이 커진다. 계좌 구조를 고려한 ETF 배치는 단순히 세금을 줄이는 수준을 넘어, 자산의 구조적 안정성과 성과의 예측 가능성까지 설계할 수 있게 해 준다.

ETF는 지금의 수익률만이 아니라, 5년 후의 누적 수익과 세후 자산 흐름을 함께 그려야 하는 도구다. 수많은 ETF 중에서 무엇을 고를 것인지보다 더 중요한 것은, 어떤 계좌에 어떤 비중으로 배치할지를 미리 결정하는 일이다. 투자에서 승부는 한두 번의 선택이 아니라, 매년 반복되는 작고 정확한 구조화에서 갈린다. ETF는 그 구조화의 핵심에 가장 유연하게 놓일 수 있는 수단이며, 절세 전략은 그 유연함을 수익으로 바꾸는 설계의 언어다.

3.4 배당 · 성장 · 절세를 통합하는 전략적 사고 (심화학습)

투자는 단순히 수익률만을 추구하는 행위가 아니다. 장기적으로 자산을 성장시키기 위해서는 다양한 목적(배당, 성장, 절세 등)을 동시에 고려하고, 이들을 조화롭게 결합하는 전략적 사고가 필요하다. 이 통합적 관점을 뒷받침하는 개념이 '목표 기반 투자(Goal-Based Investing)'[21]와 '하이브리드 포트폴리오 전략(Hybrid Portfolio Strategy)'[22]이다.

---

21) Ashvin B. Chhabra, *The Aspirational Investor*, HarperBusiness, 2015.
22) '하이브리드 포트폴리오 전략(Hybrid Portfolio Strategy)'은 Harry Markowitz의 고전적 포트폴리오 이론(Modern Portfolio Theory, 1952)에 기반하여, Jean L. Brunel이

'목표 기반 투자'는 전통적인 투자 이론과는 구별되는 것으로, 2000년대 이후 금융 설계 분야에서 부각된 개념이다. 이 접근법은 단순히 전체 자산의 수익률 극대화를 목표로 하지 않는다. 그보다는 각 자산이나 투자 전략이 독립적인 목표(예를 들면, 생활비 충당, 은퇴자금 마련, 자녀 교육자금 준비 등)에 맞춰 설계되고 운용된다. 배당 전략은 안정적인 현금흐름 목표에, 성장 전략은 자산 증식 목표에, 절세 전략은 세후 수익 극대화 목표에 각각 최적화된다.

여기에 '하이브리드 포트폴리오 전략'이 결합된다. 이는 전통적인 위험-수익 균형 모델(Modern Portfolio Theory)[23]을 발전시킨 개념으로, 배당형 자산, 성장형 자산, 절세형 자산을 단일 포트폴리오 내에서 전략적으로 배분하는 방식이다. 각 자산은 서로 다른 시간대(Time Horizon), 리스크 성향(Risk Appetite), 과세 효과(Tax Impact)를 고려해 설계된다.

구조는 다음과 같다.

첫째 단기 현금흐름이 필요한 영역(예: 생활비 보조 등)에는 고배당 ETF, 월배당 리츠, 커버드콜 ETF 등과 같은 배당형 자산을 배치하고, 둘째 중장기적 자산 증식이 목표인 영역에는 인덱스 ETF, 성장

Integrated Wealth Management(Wiley, 2006)에서 제시한 통합적 자산배분 접근을 의미한다. 이 용어는 공식 이론명이 아니라, 위험-수익 최적화와 목적 기반 자산관리를 통합하는 실천적 전략을 지칭하는 해석적 표현이다.

23) 투자자들이 수익을 극대화하면서 동시에 위험을 최소화하도록 자산을 분산하는 방법을 수학적으로 설명한 이론이다. 해리 마코위츠(Harry Markowitz)가 1952년 발표하여 1990년 노벨 경제학상을 수상하였다.

산업 테마 ETF 등을 배분해 시장 평균 이상의 성장을 추구하며, 셋째 절세가 중요한 장기 영역(예: 은퇴 준비)에는 연금저축펀드[24], ISA 계좌 내 ETF, TDF 등의 상품을 활용해 세후 수익률을 최적화한다.

이렇게 각 목적에 맞춰 자산을 세분화하고, 서로 보완하는 구조를 설계하는 것이 현대적 자산관리의 핵심이다. 특히 중요한 것은, 이 세 가지 목표(배당, 성장, 절세)가 상충하는 것이 아니라, 서로를 보완하며 통합될 수 있다는 점이다. 단기 수익만을 좇는 전략은 장기 성장을 희생시킬 수 있고, 높은 수익률만을 추구하는 전략은 세금 부담을 가중할 수 있다. 반대로, 세 가지 요소를 균형 있게 통합하면 안정성과 성장성, 효율성을 모두 잡을 수 있다.

투자자는 이 흐름을 설계하는 시각에서 생각해야 한다. 단순히 '좋은 상품'을 고르는 것이 아니라, '나의 자산구조 전체'를 설계하는 것이다. 배당, 성장, 절세의 세 흐름이 조화롭게 작동하는 순간, 자산은 예측 가능한 속도로, 실질적으로 증식하게 된다.

---

24) 노후자금을 마련하기 위해 투자하는 세제 혜택이 있는 펀드형 연금상품이다. 만 19세 이상 소득이 있는 사람이면 누구나 가입 가능하고, 연 최대 400만 원까지 납입액의 13.2~16.5% 세액공제 혜택이 주어진다. 국내외 주식형, 채권형, 혼합형 펀드 상품이 있으며, 55세 이후 연금 형태로 수령 시 분리과세(3.3~5.5%) 혜택이 있으나, 중도해지 시 기존 세액공제가 환수되고 기타 소득세가 부과된다.

제4부

지금 뜨는 상품들 — ETF 및 다양한 투자상품의 실전 전략의 세계

제1장

ETF는 왜 이렇게 뜨거운가
― 구조를 알아야 선택할 수 있다

1.1 ETF란 무엇이고, 왜 인기가 폭발하는가

ETF는 이제 '특별한 상품'이 아니라 '기본이 된 상품'이다. 몇 년 전만 해도 ETF는 전문가들만이 활용하는 도구처럼 여겨졌지만, 지금은 사회초년생부터 은퇴자까지 누구나 ETF로 투자를 시작한다. 그 이유는 간단하다. ETF는 적은 금액으로도 분산투자가 가능하고, 거래가 쉽고 빠르며, 수수료도 낮고, 상품 구성도 다양하기 때문이다. 복잡한 종목 선택 없이 시장 전체를 한 번에 살 수 있다는 구조적 단순함은 투자자에게 큰 매력으로 다가온다. ETF는 투자의 문턱을 낮추는 동시에, 시장 접근의 효율을 높여 준 도구다.

ETF는 '상장지수펀드(Exchange Traded Fund)'라는 이름처럼, 펀드이면서도 주식처럼 거래되는 하이브리드 구조다. 일반적인 펀드는 하루 한 번 기준가로 거래되지만, ETF는 주식처럼 실시간 가격으로 매수와 매도가 가능하다. 이는 투자자에게 유동성과 기동성을 동시에 제공해 주며, 필요할 때 언제든 거래할 수 있다는 점에서 심리적 안정감을 준다. 또한, ETF는 펀드처럼 복수의 자산으로 구성되어 있어, 개별 종목에 비해 리스크가 낮고 자연스럽게 분산투자의 효과를 누릴 수 있다. ETF는 안정성과 접근성, 투명성을 결합한 구조로서 현대 투자자에게 최적화된 수단이 된 것이다.

ETF가 폭발적인 인기를 얻고 있는 또 하나의 이유는, 개인 투자자에게 '선택의 힘'을 되돌려준다는 점이다. 과거에는 전문가나 기관 투자자만이 특정 테마나 산업, 해외 시장에 분산 투자할 수 있었지만, 이제는 누구나 클릭 몇 번으로 글로벌 기술주, 원자재, 채권, 심지어 ESG 테마나 인공지능까지도 포트폴리오에 담을 수 있다. ETF는 정보를 가진 사람만의 시장이었던 금융투자 세계를 구조적으로 평평하게 만들었다. 다양한 지수와 테마에 접근할 수 있다는 점은 단순한 편리함을 넘어, 자산 설계의 다양성과 창의성을 가능하게 한다.

ETF는 '어려운 것을 쉽게 만들어 주는 상품'이지만, 동시에 '쉽기 때문에 가볍게 접근하면 안 되는 상품'이기도 하다. ETF마다 추종하는 지수의 성격이 다르고, 상품 구조에 따라 수익률과 리스크도 천차만별이기 때문이다. ETF의 인기를 진정한 수익으로 바꾸기 위해서는 그 구조를 이해하고, 자신의 목적에 맞는 상품을 선택할 수 있어야 한다. 수많은 ETF 중에서 무엇을 살 것인가를 결정하는 것은, 결국 투자자의 철학과 전략을 반영하는 일이다. ETF는 도구이고, 선택의 힘은 여전히 투자자에게 있다.

1.2 인덱스, 액티브, 테마 ETF 등 — 어떤 차이가 있을까

ETF라고 모두 같은 구조는 아니다. 겉으로 보기에는 비슷해 보여도, ETF는 다양한 기준에 따라 여러 종류로 나눠진다.

대표적인 분류방법은 운용방식에 따라 분류하는 것으로, 패시브형(Passive ETF)과 액티브형(Active ETF)으로 나눌 수 있다. 패시브형은 특정 지수를 그대로 복제하는 형태로 추종하는데, 이러한 패시브형의 대표적 ETF는 인덱스형(Index ETF)이다. 액티브형은 운용자(자산운용사 펀드매니저)가 일정 부분 종목을 고르고 비중도 조절하는 구조의 ETF이다.

ETF는 투자대상이 되는 기초자산에 따라 분류할 수도 있다. 일반적으로 알고 있는 주식, 채권뿐만 아니라 금·귀금속·광물·원유와 같은 원자재 대상 ETF 등, 나아가 통화·부동산(REITs) 등 전 세계 투자시장에 존재하는 거의 모든 기초자산이 ETF의 대상이 되고 있다. 최근에는 비트코인(Bitcoin), 이더리움(Ethereum) 등 가상자산을 대상으로 하는 ETF도 연달아 출시되고 있다.

그 외에 투자대상 지역을 기준으로도 분류할 수 있는데, 전 세계를 대상으로 분산투자하는 글로벌형(Global), 선진국에 집중투자하는 선진국형(DM; Developed Market), 그 외 신흥국 위주형(EM; Emerging Market) 등으로도 구분할 수 있다.

이런 가운데, 테마형 ETF는 주식을 기초자산으로 하는 ETF 중에서 특정 산업의 주식들로 구성한 ETF이다. 주로 성장하는 산업이나, 대중의 인기가 급격히 올라가는 산업군을 대상으로 하는 경우가 많은데, 예를 들자면, AI, 반도체, 핀테크, 바이오, 화장품, 방위산업 등으로 시황이 바뀔 때마다 다양한 테마가 탄생하고 있다.

한편, 투자전략 측면에서는 레버리지(Leverage)나 인버스(Inverse) 등 유형의 ETF도 있다. 레버리지 ETF는 인덱스 ETF의 수익률에 레버리지(지렛대) 효과를 더해 변동률을 더 크게 하는 것이다. 예를 들어 'KOSPI 2배 레버리지 ETF'는 파생상품을 활용하여 KOSPI 지수가 2% 오를 때, 해당 ETF는 그 두 배인 4%의 수익률이 발생하도록 만들어진 ETF이다.

그리고, 인버스 ETF는 인버스(Inverse)의 사전적 의미와 같이 기초자산의 변동률과 반대로 수익률이 발생하는 ETF다. 'KOSPI 인버스 ETF'의 경우 KOSPI가 1% 하락하면 해당 ETF는 1% 상승하는 것이다. 지수가 하락할 것이라고 예상할 경우, 인버스 ETF를 활용하면 하락장에서도 수익을 낼 수 있다. 인버스 ETF에도 레버리지를 적용할 수 있다. KOSPI가 1% 하락하면 해당 ETF는 2%, 3% 상승하는 ETF들도 출시되고 있다.

레버리지는 2배뿐 아니라, 3배 또는 그 이상의 ETF도 존재하며, 고위험-고수익(High Risk, High Return)을 추구하는 대표적인 상품인 만큼 손실 폭도 몇 배로 커질 수 있다는 점을 염두에 두고 투자해야 한다.

아래 표는 ETF를 다양한 카테고리로 분류한 것이다.

ETF 분류 기준과 대표 유형

분류 기준	주요 유형	설명
운용 방식	패시브(인덱스 ETF)	시장 지수를 그대로 추종하는 패시브형
	액티브 ETF	운용자가 종목·비중을 조정하여 초과수익을 추구
기초 자산	주식 / 채권 / 원자재 / 통화 / 부동산(REITs) / 디지털 자산	전통 자산부터 가상자산까지 다양한 기초자산에 투자
투자 지역	글로벌 / 선진국(DM) / 신흥국(EM)	투자 지역의 범위와 투자지역의 성장 단계에 따른 분류
전략적 구조	레버리지 ETF	지수 수익률을 2·3배 확대 추종
	인버스 ETF	지수와 반대로 움직이는 수익 구조
테마형	산업·섹터 ETF	AI, 반도체, 바이오, 핀테크 등 특정 산업군 중심

이들은 각각의 목적과 기능이 뚜렷하게 다르다. 같은 이름의 ETF라도 수익률과 위험, 수수료 구조는 전혀 다를 수 있으므로, ETF를 고

를 때는 '이 ETF가 무엇을 기준으로 움직이는가'를 이해하는 것이 출발점이 되어야 한다. 특히 ETF는 선택권이 넓은 만큼, 전략적 분류에 따라 나에게 맞는 조합을 설계해야만 진정한 수익을 만들 수 있다.

가장 기본이 되는 것은 인덱스 ETF다. 이는 특정 주가지수를 그대로 추종하며, 대표적으로 S&P500, 코스피200, 나스닥100 등이 있다. 인덱스 ETF는 수동적인 운용을 기반으로 하고 있어 수수료가 낮고, 장기적인 시장 평균 수익률을 추구하는 데 적합하다. 복잡한 판단 없이 시장 전체에 참여하고 싶은 투자자, 혹은 자산의 중심을 안정적으로 유지하고자 하는 사람에게는 가장 효율적인 선택이다. 시장의 흐름에 자신이 없을수록, 시장 전체를 사는 인덱스 전략은 기본 중의 기본이다.

액티브 ETF는 펀드매니저나 알고리즘이 일정 기준에 따라 종목을 선별하고 비중을 조절하여 초과수익을 노리는 전략을 추구하는 ETF이다. 인덱스를 그대로 따르지 않고 펀드매니저나 알고리즘의 판단이 개입되므로 수수료가 다소 높은 경우도 있다. 지수보다 높은 수익률을 추구하는 투자자라면 액티브 ETF가 좋은 선택지가 될 수 있다. 하지만 ETF의 수익률이 지수 대비 변동성이 클 수 있다는 점도 생각해야 한다. 최근에는 빅데이터 기반의 로보 전략[25], ESG 스코어[26], 재

---

25) 로보어드바이저가 자동으로 실행하는 투자전략을 의미하며, 사람이 아닌 알고리즘 기반 의사결정 시스템이 자산 배분, 종목 선택, 리밸런싱 등을 수행하는 구조이다.
26) 기업이 환경(Environment), 사회(Social), 지배구조(Governance) 측면에서 얼마나 지속가능하고 책임 있게 경영하고 있는지를 수치로 평가한 점수.

무지표 필터링[27] 등을 적용한 액티브 ETF도 출시되어 투자자의 취향을 더 세밀하게 반영할 수 있게 되었다. 다만 운용 전략이 공개되지 않거나, 시장 상황에 따라 성과가 쉽게 흔들릴 수 있는 만큼, 일정 수준의 이해와 감내력은 필요하다.

테마 ETF는 특정 산업이나 기술, 사회적 흐름을 중심으로 종목을 묶은 상품이다. 인공지능, 로보틱스, 클린에너지, 메타버스, 반도체, 2차전지, 고령화, 밀레니얼 소비 등 다양한 테마가 있으며, 미래의 성장 트렌드에 집중하고자 하는 투자자에게 인기가 높다. 테마 ETF는 개별 종목 리스크는 줄이면서도 높은 성장성을 기대할 수 있지만, 편입 종목이 소수에 집중되거나 섹터 쏠림이 심한 경우 변동성도 크다. 테마 ETF는 수익률이 매력적일수록 반드시 비중 관리가 필요한 자산이다.

ETF의 전략적 분류는 투자자에게 '무엇을 담을 것인가' 이전에 '왜 담는가'를 묻는 것이 중요하다. 자산의 중심을 구성하고 싶다면 인덱스를, 시장을 이기고 싶다면 액티브를, 미래의 방향성에 투자하고 싶다면 테마를 선택할 수 있다. ETF는 접근성이 높아 누구나 쉽게 투자할 수 있지만, 동시에 그 다양성 때문에 선택의 혼란도 크다. 그래서 ETF 투자자는 상품보다 구조, 유행보다 이유를 먼저 봐야 한다. 어떤 전략을 선택하든, 중요한 것은 그것이 내 투자 목적에 얼마나 잘 맞아떨어지는지다.

---

[27] 여러 기업의 재무지표 데이터(수익성, 성장성, 안정성 등)를 기준에 따라 선별(필터링)하여 원하는 조건을 만족하는 기업만 추리는 작업.

1.3 ETF 수수료, 추적오차, 배당 등 꼭 확인할 것들

ETF는 단순해 보이지만, 실제로 투자자가 반드시 확인해야 할 항목들이 있다. 겉으로 보이는 이름이나 수익률만으로 판단하면, 비슷해 보이는 상품 사이에서도 큰 차이가 발생할 수 있다. 수수료, 추적오차, 배당지급 방식, 환헤지 여부 등은 ETF의 장기 성과와 안정성에 직접적인 영향을 미친다. 특히 장기 투자를 고려할수록, 이러한 '보이지 않는 구조'의 차이가 복리로 누적되어 결국 투자 결과를 갈라놓는다. ETF는 구조를 알수록 실력 있는 도구가 되지만, 구조를 모르면 수익을 깎아 먹는 함정이 될 수 있다.

가장 기본적으로 체크해야 할 것은 수수료, 즉 총보수(TER; Total Expense Ratio)다. ETF는 일반 펀드에 비해 수수료가 낮은 것이 장점이지만, 상품별로 차이가 크고, 특히 액티브 ETF나 해외 ETF의 경우 0.5% 이상인 경우도 많다. 수수료는 수익에서 자동으로 차감되기 때문에 별도로 인식되지는 않지만, 연간 기준 0.3%와 0.8%의 차이는 장기적으로는 생각보다 큰 차이를 만들 수 있다. 동일한 지수를 추종하는 상품이 여러 개 있다면, 수수료는 곧 '손실을 줄이는 선택'이 된다.

추적오차(Tracking Error)도 중요한 지표다. ETF는 특정 지수를 그대로 따르도록 설계되어 있지만, 실제 운용에서는 지수와 약간의 차이가 발생하며, 이 차이가 일정 수준 이상 벌어질 경우 '내가 원한

성과'와 '실제 성과' 간의 간극이 커진다. 특히 운용 규모가 작거나 거래량이 적은 ETF, 혹은 운용 전략이 비효율적인 ETF의 경우 추적오차가 커질 수 있다. 투자자는 해당 ETF가 어떤 지수를 추종하는지뿐 아니라, 얼마나 정확히 따라가고 있는지를 함께 점검해야 한다.

배당도 간과해서는 안 되는 요소다. 일부 ETF는 배당금을 주기적으로 지급하는 구조고, 일부는 배당을 내부에서 자동 재투자하는 누적형 구조다. 고배당 ETF나 월배당 ETF를 찾는 사람이라면 실제 지급 주기와 세금 처리 방식도 함께 살펴야 한다. 특히 연금계좌나 ISA에 넣는다면 배당 방식에 따라 과세 방식이 달라질 수 있으므로, '배당을 받는 것'이 중요한지, '자산을 굴리는 것'이 중요한지 목적에 따라 선택해야 한다. 배당은 수익이 아니라 구조의 일부다.

그 외에도 해외 ETF의 경우 환헤지[28] 여부나 기초자산의 통화가 어떤 영향을 줄 수 있는지, 상품의 유동성이나 자산운용사의 신뢰도도 투자 전에 살펴야 한다. 표면적 수익률은 가장 마지막에 봐야 하는 항목이다. ETF는 '선택하기 쉬운 상품'이지만, 실제로 잘 고른다는 건 수익률이 아닌 구조를 기준으로 판단하는 능력이다. 수수료, 추적오차, 배당은 ETF의 기초 체력이고, 그것을 체크할 줄 아는 사람이 ETF 투자의 진짜 수익을 가져간다.

---

28) 환율 변동으로 인한 손실을 줄이기 위해 미리 대비하는 전략이다. 환헤지의 장점은 환차손을 방지하고 수익 변동성을 감소시키는 효과가 있지만, 환차익이 발생할 경우 그 기회를 상실시키고 헤지 비용이 발생한다는 단점도 있다.

제2장

상품 이름만 봐도 알 수 있는 전략
— 읽는 법 배우기

2.1 'TIGER 미국S&P500' 'KODEX 200TR'은 무슨 뜻인가

ETF는 이름만 제대로 읽을 수 있어도 전략 절반은 이미 설계된 셈이다. 대부분의 ETF는 복잡한 설명서 없이도 상품명에 핵심 정보를 담고 있으며, 그 이름 안에는 운용사, 투자 대상, 지수 종류, 수익처리 방식 등 중요한 전략 정보가 압축되어 있다. 문제는 많은 투자자들이 상품명을 단순한 브랜드나 기호 정도로만 받아들이고, 그 안에 담긴 의미를 해석하지 못한다는 데 있다. 잘 고른 ETF 하나가 수익을 만들어 줄 수 있지만, 잘못 고른 ETF 하나는 의도하지 않은 리스크를 초래할 수 있다. ETF는 이름을 읽는 순간부터 전략이 시작된다.

예를 들어, 'TIGER 미국 S&P500' ETF를 보자. 운용사는 미래에셋자산운용이며, TIGER는 이 회사의 ETF 브랜드명이다. 이름 그대로 미국 S&P500 지수를 추종하는 ETF라는 뜻이다. 또 다른 예로 'KODEX 200TR'을 살펴보자. 운용사는 삼성자산운용이며, KODEX는 2002년 삼성자산운용이 국내 최초로 출시한 ETF 브랜드다. 여기서 200은 KOSPI200 지수를 추종한다는 의미이며, 관행적으로 'KOSPI'라는 단어는 생략된다. 마지막으로 붙은 TR은 Total Return의 약자로, 배당금을 자동 재투자하여 지수에 반영한다는 구조를 뜻한다. 처음에는 다소 낯설어 보이지만, 몇 번 접하다 보면 금세 읽는 요령이 생긴다.

ETF 이름에 담긴 정보 구조

ETF 명칭	운용사	브랜드명	추종 지수	배당 처리 방식(PR / TR)
TIGER 미국 S&P500	미래에셋 자산운용	TIGER	미국 S&P500 지수	기본적으로 PR(Price Return) 구조, 특별 표기가 없으면 배당은 현금 지급
KODEX 200TR	삼성자산 운용	KODEX	한국 KOSPI200 지수	TR(Total Return): 배당을 현금으로 지급하지 않고 ETF에 자동 재투자

※ 추가 설명
- PR(Price Return): 기초자산에서 발생한 배당을 투자자에게 현금으로 분배하는 방식
- TR(Total Return): 배당을 ETF 내에서 자동 재투자하여 지수에 반영하는 방식
- 관행적으로, 특별한 표기가 없으면 기본은 PR이며, TR은 반드시 상품명에 표시된다.

이처럼 단어 하나하나가 운용방식과 수익구조에 대한 정보를 포함하고 있으며, 이를 해석할 수 있는 사람만이 그 상품이 자신에게 적합한지 판단할 수 있다. ETF는 설명서를 펴기 전에 상품명부터 읽는 것이 순서다.

'TR'이 아닌 'PR'(Price Return)이라면, 배당은 지수 수익률에 포함되지 않고 별도로 분배된다. 즉, PR형은 배당을 직접 받게 되고, TR형은 배당이 ETF 안에서 자동으로 굴러간다. 투자자가 현금 흐름을 원하는 경우 PR형이, 복리 효과를 극대화하고 싶은 경우 TR형이 더 적합하다. 이런 차이를 모른 채 단순히 수익률만 보고 상품을 고르면, 본인의 투자 목적과 전혀 다른 방식으로 자산이 운용될 수 있다. 상품명 속 두 글자 차이가 실제 수익 흐름을 바꿔 놓을 수 있다는 사실을 아는 것, 그것이 전략의 출발점이다.

또한 'KODEX'나 'TIGER(미래에셋자산운용)' 외에도 'RISE(KB자산운용)', 'ACE(한국투자신탁운용)', 'KIWOOM(키움자산운용)', 'HANARO(NH-Amundi자산운용[29])' 등은 각각의 운용사를 나타내며, 운용사별 수수료, 규모, 추적오차, 유동성 등에서도 차이가 발생한다. 단순히 상품명이 예뻐 보여서 선택하는 것이 아니라, 누가 운용하는가를 보는 것도 중요한 판단 기준이다. 상품명에는 '무엇에 투자하느냐'뿐 아니라 '누가, 어떤 방식으로' 운용하는지가 담겨 있다.

---

[29] NH농협금융지주와 프랑스에 본사를 둔 유럽 최대 자산운용사인 아문디가 2003년에 설립한 합작 자산운용사.

그 이름을 읽는 힘이 곧 상품을 고르는 눈이고, 수익을 만드는 첫 번째 능력이다.

아래 표는 국내외 ETF 브랜드와 이를 출시한 자산운용사를 정리한 것이다.

국내외 주요 ETF 브랜드와 운용사

브랜드명	자산운용사	국가
KODEX	삼성자산운용	한국
TIGER	미래에셋자산운용	한국
RISE	KB자산운용	한국
ACE	한국투자신탁운용	한국
SOL	신한자산운용	한국
KIWOOM	키움자산운용	한국
PLUS	한화자산운용	한국
HANARO	NH-AMUNDI자산운용	한국
Timefolio	타임폴리오자산운용	한국
iShares	BlackRock	미국
Vanguard	Vanguard Group	미국
SPDR	State Street Global Advisors	미국
Invesco	Invesco	미국

2.2 월배당, 커버드콜, TDF, 리츠… 상품명 해석 실전

ETF 이름 속에는 투자자가 꼭 알아야 할 전략 정보가 숨어 있다. 특히 '월배당', '커버드콜', 'TDF', '리츠' 같은 키워드는 단순한 홍보용 단어가 아니라, 해당 상품의 운용 목적과 수익 흐름, 리스크 방향을 그대로 반영하는 핵심 정보다. ETF를 선택할 때 이름 안의 단어를 해석할 수 있다는 것은, 상품의 설명서를 읽지 않아도 그 전략을 어느 정도 파악할 수 있다는 뜻이다. 이제부터는 상품을 고를 때 '이름이 마음에 드는가'보다 '이 단어가 무엇을 뜻하는가'를 먼저 질문해야 한다.

'월배당'이라는 표현은 ETF가 매월 분배금을 지급하는 구조로 설계되어 있다는 뜻이다. 이는 투자자에게 일정한 현금 흐름을 제공해 주는 장점이 있지만, 반드시 수익률이 높다는 의미는 아니다. 월배당 ETF 중에는 커버드콜 전략이 포함되어 있어 수익이 제한되는 경우도 있고, 원금은 시장에 따라 변동되므로 절대 안전하지 않다. 상품명에 '월배당'이 들어 있다고 해서 무조건 안정적인 생활소득을 보장해 주는 것은 아니며, 해당 수익이 어디서 나오는지, 배당 재원은 충분한지까지 확인해야 한다. '월배당'이라는 이름은 흐름을 의미하지, 본질적인 수익을 약속하지 않는다.

'커버드콜'이라는 키워드는 수익구조가 옵션 프리미엄에 기반을 두고 있다는 것을 의미한다. 커버드콜 ETF는 기초자산을 보유하면서 동시에 콜옵션을 매도해 일정한 수익을 확보하는 전략을 쓰며, 상승장에서는 수익이 제한되고 횡보장 또는 하락장에서 상대적으로 유리한 성과를 낼 수 있다. '커버드콜'이 들어간 ETF는 일반적인 지수 ETF와 달리 시장 방향성에 상대적으로 덜 민감한 경우가 많으며, 현금 흐름 중심의 전략에 가깝다. 따라서 해당 키워드는 다소 보수적 운용을 의미하는 동시에, 큰 수익을 기대하기 어려운 구조임을 암시한다. 상품명 속 전략 용어는 곧 리스크 감수의 방향성을 알려 주는 신호다.

'TDF'(Target Date Fund)는 상품명에 연도나 숫자가 함께 붙는 경우가 많다. 예를 들어 '2045 TDF'라는 이름은 투자자의 은퇴 시점을 기준으로 자산 배분이 자동으로 조정된다는 뜻이다. 초기에 주식 비중이 높고 시간이 지남에 따라 채권 중심으로 바뀌며, 장기 투자와 자동 리밸런싱이 결합된 구조를 가진다. TDF는 수익을 극대화하기보다는 시간에 따른 안정적 운용을 목적으로 하며, 주로 연금계좌나 IRP 등과 결합될 때 효과를 극대화할 수 있다. 숫자 하나가 운용 기간과 위험 조절 방식을 동시에 설명하는 셈이다.

'리츠'(REITs)는 부동산 투자신탁을 의미하며, 상품명에 '리츠'가 들어간 경우 기초자산은 대부분 상업용 부동산이나 물류센터, 데이터센터, 호텔, 오피스 등이다. 리츠 ETF는 일반 주식형 ETF보다 배당수익률이 높은 편이지만, 금리와 경기 흐름에 민감하고, 부동산 자산 자체의 유동성이 낮다는 점도 고려해야 한다. 상품명에서 '리츠'가

보인다면, 해당 ETF는 자산 흐름보다 현금 흐름에 집중된 구조이며, 가격보다 배당에 비중을 두는 운용 전략을 갖고 있을 가능성이 크다. 특히 금리 변동이 클수록 리츠 상품의 민감도도 높아지므로, 그 단어 하나에 담긴 맥락은 가볍지 않다.

투자상품의 이름을 읽는 일은 이제 투자자가 반드시 갖춰야 할 기본 역량이 되었다. 그 이름 안에는 수익의 구조, 위험의 방향, 그리고 투자자의 기대와 현실 사이의 균형이 녹아 있다. 전략은 복잡할 수 있어도, 이름은 정직하다. 읽을 수 있는 사람만이 고를 수 있고, 고를 수 있는 사람만이 구조를 설계할 수 있다. 투자에서 시작은 종목을 고르는 것이 아니라, 단어 하나를 정확히 이해하는 일이다.

2.3 테마형 ETF의 실체와 주의사항(AI, 로보틱스, ESG 등)

ETF 열풍 속에서 가장 뜨거운 분야는 단연 테마형 ETF다. 인공지능, 로보틱스, 반도체, 메타버스, 2차전지, ESG처럼 미래의 성장 동력으로 주목받는 분야를 포트폴리오에 담을 수 있다는 점에서, 테마형 ETF는 마치 '미래에 투자하는 창구'처럼 여겨진다. 개별 종목에 투자할 때보다 리스크는 분산되고, 해당 산업 분야의 성장성은 유지된다는 인식에 힘입어 테마형 ETF는 대중적인 인기 상품으로 등극하게 되었다. 하지만 이런 긍정적 측면의 이면에는 과도한 기대, 구조적 취약성, 시기 선택의 어려움이라는 그림자가 함께 존재한다. 테마형 ETF는 유망하다고 생각되는 흐름을 추종할 뿐, 실제 수익을 보장하는 상품은 아니다.

    테마형 ETF의 가장 큰 매력은 분명하다. 특정 산업이나 기술에 대한 집합적 투자이기 때문에, 개별 종목 리스크를 피하면서도 그 섹터의 성장성을 추종할 수 있다. 예를 들어 AI ETF는 반도체, 클라우드, 빅데이터, 자율주행 등 여러 관련 종목을 편입해 인공지능 산업 전반의 흐름을 반영한다. 하지만 문제는 '인공지능'이라는 개념 자체가 매우 포괄적이며, ETF마다 그 기준이 다르다는 점이다. 어떤 상품은 글로벌 대형주 위주, 어떤 상품은 중소 혁신기업 중심으로 구성되어 전혀 다른 성과를 낼 수 있다. 같은 이름의 테마형 ETF라도 구성과 운용전략에 따라 수익은 크게 갈릴 수밖에 없다.

    또한, 테마형 ETF는 가격 변동성이 크고, 투자 시점에 따라 성과가 매우 달라진다. 인기 테마가 시장에서 각광을 받을 때는 빠르게 자금이 몰리지만, 해당 산업의 모멘텀이 약해지거나 금리, 규제 등의 외부 변수에 노출될 경우 급격한 하락이 발생할 수 있다. '상승에 먼저 탑승하지 않으면 늦는다'는 조급함은 테마형 ETF를 단기 트레이딩 수단처럼 사용하게 만들고, 이는 원래의 장기 투자 전략과 상충된다. 특히 일부 테마형 ETF는 유동성이 낮아 원하는 가격에 매수·매도를 할 수 없는 경우도 발생하여 실질 수익률은 표기된 지수보다 낮아질 수도 있다. 이름이 매력적일수록 실제 구성은 더 정밀하게 확인해야 한다.

한편, ESG나 클린에너지, 고령화 산업처럼 사회적 가치와 결합된 테마형 ETF는 투자자의 신념이나 철학을 반영할 수 있다는 점에서 주목받는다. 그러나 이 역시 실체를 들여다보면 해당 사회적 가치를 정확하게 반영하지 못하는 경우도 있다. 예컨대, ESG-클린에너지 테마 ETF에 편입된 종목이 의외로 환경보전과 무관하여 '클린'과 거리가 멀거나, ESG 점수 자체도 불투명한 경우가 있다. 테마형 ETF는 이름이 가장 강력한 마케팅 수단이 되기 때문에, 실제 포트폴리오가 이름과 얼마나 일치하는지는 별도의 분석이 필요하다. ETF는 상장되어 있지만, 그 안에 담긴 전략과 기준은 투명하지 않을 수 있다. 전략은 이름이 아니라 구성표에서 읽어야 한다.

테마형 ETF는 '내가 무엇을 믿고 있는가'와 '지금 시장이 무엇을 사고 있는가' 사이의 간극을 탐색하는 상품이다. 흥미롭고 미래지향적이며 트렌디하지만, 그만큼 선택과 비중, 투자 시기의 정교함이 요구된다. ETF는 쉬운 투자 수단이지만, 테마형 ETF는 결코 쉬운 전략이 아니다. 그래서 우리는 상품명을 읽는 것에서 멈추지 않고, 그 이름이 가리키는 미래와 지금의 가격 사이에 어떤 괴리가 있는지를 끊임없이 따져야 한다. 테마형 ETF는 꿈에 투자하는 구조이지만, 수익은 오직 구조를 아는 사람에게 돌아간다.

제3장

펀드와 ETF, 그리고 리츠
— 어떻게 조합할 것인가?

3.1 펀드 vs ETF — 누가, 언제, 무엇을 위해 쓰는가?

펀드와 ETF는 모두 분산투자를 위한 기본 수단이지만, 그 구조와 운용방식, 투자자의 경험은 확연히 다르다. 펀드는 자금을 모아 전문가가 운용하는 집합 투자 방식이고, ETF는 특정 지수를 추종하면서 실시간으로 거래 가능한 상장형 펀드다. 겉보기엔 비슷해 보여도, 실제로는 접근 방식, 수수료 구조, 투자자 개입 수준에서 큰 차이를 가진다. 두 상품 중 무엇이 더 낫다고 말할 수는 없다. 중요한 것은 '누가, 언제, 무엇을 위해' 사용하는가다. 각자의 장단점을 이해하고, 자신의 투자 목적에 맞게 선택하는 것이 전략의 핵심이다.

펀드는 특히 투자 경험이 적고, 직접 자산을 운용하기 어려운 사람에게 유용하다. 전문가가 종목을 선별하고, 시장 상황에 따라 비중을 조절하며, 투자자 대신 리스크를 관리해 주는 구조이기 때문이다. 또한, 자동적이고 정기적인 적립식 투자가 가능하고, 세제 혜택이 있는 연금저축펀드나 IRP와의 결합도 용이하다. 단점은 수수료가 높고, 실시간 거래가 불가능하다는 점이다. 하루에 한 번 기준가로 거래되기 때문에 민감한 시장 대응은 어렵고, 운용 성과에 비해 비용 구조가 과도한 경우도 있다. 펀드는 '대신 운용해 주는 구조'로서의 안정성이 장점이자 한계다.

반면 ETF는 능동적인 투자자에게 어울리는 도구다. 주식처럼 실시간 매매가 가능하고, 수수료가 낮으며, 다양한 자산에 쉽게 접근할 수 있어, 스스로 자산을 설계하고자 하는 사람에게는 유연한 선택이 된다. 또한, 상품 구조가 비교적 투명하고, 다양한 테마와 시장에 손쉽게 분산투자가 가능하다는 점에서 개인 투자자에게 강력한 수단이 된다. 그러나 ETF는 모든 판단을 투자자가 직접 내려야 하고, 투자 전략이나 포트폴리오를 스스로 조정해야 한다. ETF는 '스스로 설계하는 구조'이기 때문에, 정보와 감각, 그리고 시간 관리 능력이 전제되어야 한다.

펀드는 위임의 전략이고, ETF는 주도권의 전략이다. 펀드는 '돈을 맡기고 관리받는 구조'라면, ETF는 '내가 구조를 만들고 조정하는 도구'다. 따라서 투자의 초기에 펀드로 자산을 모으고, 일정 시점 이후에는 ETF를 통해 직접 조정하는 방식도 하나의 전략이 될 수 있다. 또한, 같은 자산군이라도 펀드는 정기적 투자에, ETF는 일시적 자산 배분이나 리밸런싱에 적합할 수 있다. 결국 투자자는 상품이 아니라 구조를 보고 판단해야 하며, 그 구조는 나의 투자 성향, 시간 여유, 재무 목표에 따라 유동적으로 선택되어야 한다.

펀드와 ETF의 핵심 비교

구분	펀드	ETF
운용 방식	- 펀드매니저가 종목을 선정하고 비중을 조정함. - 자산운용사의 재량 개입이 큼.	- 대부분 시장지수를 그대로 추종함. - 일부 액티브 ETF도 있지만 펀드보다 운용사의 개입은 적음.
거래 방식	- 투자자가 자산운용사에 청약·환매를 신청해야 함. - 매수는 T+1일, T+2일에 확정되고, 환매 대금은 2~4일 후 입금(해외펀드는 더 소요될 수 있고, 환매 자체가 불가한 폐쇄형도 있음).	- 투자자가 증권사를 통해 주식처럼 실시간 매매 가능. - 매도 대금은 T+2일에 결제되며, 매도 직후 당일 재매수도 가능.
가격 산정	- 하루에 한 번 기준가(NAV)를 산정. - 청약·환매는 이 기준가로만 이루어짐.	- NAV는 존재하지만 실제 거래는 시장에서 형성되는 실시간 가격으로 이루어짐.
투자자 경험	- 전문가(펀드매니저)가 대신 운용해 주므로, 투자자는 소극적으로 참여. - 자동이체, 적립식 투자, 연금저축 등 장기적·위임형 투자에 적합.	- 자산운용사가 구성해 놓은 포트폴리오를 거래하는 구조이며, 투자자는 매수·매도 전략에 집중. - 실시간 자산배분, 단기 전략, 리밸런싱을 원하는 투자자에게 적합.

3.2 ETF + 연금저축 + 리츠… 목적별로 조합하는 전략

투자 성과는 상품 하나의 성능이 아니라, 그 상품들이 어떻게 조합되어 있는가에 따라 결정된다. ETF, 연금저축, 리츠는 각각 다른 속성과 목적을 지니고 있지만, 이를 단순히 나열하는 것이 아니라 기능적으로 배치하면 훨씬 견고한 포트폴리오를 만들 수 있다. 이 조합의 핵심은 '한 상품이 모든 것을 해결해 주지는 않는다'는 것을 인정하는 데서 출발한다. 수익성과 안정성, 절세와 현금흐름은 서로 충돌하기도 하고 보완되기도 한다. 따라서 각각의 상품이 자신의 역할을 분명히 하도록 배치하는 것이 전략적 자산 설계의 핵심이다.

ETF는 포트폴리오의 중심을 담당한다. 시장 전체에 분산 투자하거나 특정 섹터에 접근할 수 있는 구조 덕분에, 자산의 성장성과 확장성을 책임지는 역할이다. 즉, S&P500이나 나스닥100 같은 지수형 ETF로 자산의 '몸통'을 형성하고, 여기에 AI나 로보틱스, ESG 같은 테마형 ETF는 공격적인 '날개'를 더하는 방식을 고려할 수 있다. ETF는 수익률 중심으로 운용하되, 비중과 구조를 조절함으로써 위험을 통제할 수 있다. ETF는 움직임의 주축이 되며, 포트폴리오 전체에 방향성과 속도를 부여한다.

여기에 연금저축을 더하면 자산의 시간성을 보완하는 수단이 될 수 있다. 지금 당장 쓰지 않을 자산을 장기 투자 구조 안에 넣음으로써 세제 혜택과 복리 효과를 함께 누릴 수 있다. 특히 연금저축펀드와 IRP는 연간 세액공제를 통해 직접적인 절세 효과를 제공하며, 수익도 과세이연 또는 저율 분리과세 방식으로 처리된다. 여기에 ETF를 편입하면, 성장성과 절세가 동시에 구현되는 강력한 구조가 완성된다. 연금계좌는 '지금이 아니라 미래에 쓰는 돈'이라는 원칙 아래, 리스크를 장기적으로 감내할 수 있는 자산을 배치하기에 적합하다.

리츠는 포트폴리오에 현금흐름을 더해 주는 도구다. 상업용 부동산, 물류센터, 호텔 등에서 발생하는 임대수익을 기반으로 한 리츠는 일반 ETF나 개별주식에 비해 수익이 비교적 안정적으로 분배되며, 특히 고배당 성향을 가진 상품은 생활비 흐름을 설계하는 데 유용하다. 단기적인 가격 변동성이 존재하지만, 리츠는 포트폴리오에 일정한 리듬을 넣어 주는 자산이다. 자산의 크기와 상관없이 일정한 흐름을 만들고 싶은 사람이라면, 리츠는 단순한 수익이 아니라 '예측 가능한 흐름'을 설계하는 수단으로 접근해야 한다.

이 세 가지를 조합하면, 자산은 성장성과 안정성, 현금 흐름과 미래 준비라는 네 가지 축을 동시에 갖추게 된다. ETF는 시장과 수익을, 연금저축은 시간과 세제를, 리츠는 흐름과 생활을 담당한다. 중요한 것은 이 세 가지를 따로 보는 것이 아니라, '무엇이 나의 중심이고, 무엇이 보완인가'를 명확히 정의하는 일이다. 목적별로 상품을 배치하는 순간, 우리는 더 이상 수익률에 흔들리는 투자자가 아니라, 구조를 가진 투자자가 된다.

3.3 소액 분산 포트폴리오부터 중·장기 전략까지

투자는 많은 돈이 있어야만 가능한 일이 아니다. 실제로 수익률과 구조 설계 능력은 자산 규모와 무관하게 적용된다. 중요한 것은 얼마를 갖고 있느냐보다, 그 돈을 어떻게 나누고 어떤 구조로 움직이게 하느냐는 점이다. 특히 100만 원, 1,000만 원, 5천만 원처럼 구간별로 자산 규모가 다를 때는 그에 맞는 분산전략과 전략적 비중 설정이 필요하다. 투자는 절대금액이 아니라 구조와 의도에서 출발하며, 이 구조는 누구에게나 열려 있다.

100만 원이라면 '구조 훈련'이 핵심이다. 소액이기 때문에 수익률 자체보다는 자산 배분 감각을 익히는 것이 더 중요하다. 예를 들어 50만 원은 미국 S&P500 ETF, 30만 원은 월배당 ETF, 20만 원은 리츠 ETF에 배치한다면, 주식형 성장·현금 흐름·배당 중심 자산이 고르게 분산된다. 이 금액은 실질적인 수익보다도 '나는 자산을 어떻게 설계하는 사람인가'를 훈련하는 데 의미가 있다. 투자의 감각은 금액이 아니라 경험의 반복에서 자란다.

1,000만 원 규모가 되면 전략적 배분의 틀이 명확해져야 한다. 이 시점부터는 단기 유동성과 중기 성장, 장기 절세라는 세 가지 목적을 기준으로 계좌를 분리해 보는 것이 좋다. 예를 들어 400만 원은 일반 ETF 계좌에서 미국·한국 지수에 배치하고, 300만 원은 ISA나 연금저축에 ETF를 넣어 절세형 구조를 만든다. 나머지 300만 원은 리츠

나 배당 ETF에 담아 일정한 현금 흐름을 만드는 데 활용할 수 있다. 이 구성은 '나의 자산이 어느 목적을 위한 것인가'에 따라 움직이도록 구조화하는 연습이다.

5천만 원 이상이 되면 자산은 '조합'이 아니라 '설계'가 되어야 한다. 이 구간에서는 단순한 ETF 구성만으로는 부족하고, 연금계좌와 일반계좌의 이중 구조, 해외 ETF와 환헤지 전략, 리츠의 배당 타이밍까지 고려한 종합적인 운용이 필요하다. 또한, 자산 일부를 예비자금과 단기 채권형으로 두어 유동성을 확보하고, 장기적 성장을 노리는 자산은 주기적인 리밸런싱을 통해 안정성을 확보해야 한다. 이 구간의 핵심은 '지키는 전략'과 '불리는 전략'을 병행하는 것이다. 자산이 늘어날수록 속도보다 방향, 단기 수익보다 장기 유지가 중요해진다.

금액이 적을수록 투자자는 '구조를 익히는 사람'이 되어야 하고, 금액이 커질수록 '구조를 설계하고 지키는 사람'으로 바뀌어야 한다. 투자의 본질은 수익률을 좇는 것이 아니라, 목적과 여력에 맞는 구조를 만들어 가는 일이다. 그리고 그 구조는 지금 가진 자산이 얼마든 간에, 올바른 질문을 던지는 것에서 시작된다. "이 돈은 언제, 무엇을 위해, 얼마만큼의 리스크를 감수하며 굴러가야 하는가?"라는 질문에 명확한 답을 가진 순간부터, 우리는 금액이 아니라 전략으로 투자하는 사람이 된다.

제5부

소비에서 투자로
— 일상 속 돈의 기회 발견하기

제1장

매달 돈을 쓰는 그곳에, 당신의 돈이 잠자고 있다

1.1 내가 스타벅스를 살 때, 누군가는 배당을 받는다

　매일 아침 우리는 커피 한 잔으로 하루를 시작한다. 익숙한 습관이고, 일상의 리듬이지만, 그 소비가 반복될수록 '나의 지출'은 누군가에게 '지속적인 수익'이 된다. 내가 스타벅스에서 5천 원을 쓸 때, 이 회사의 주식을 가진 사람은 그 수익의 일부를 배당이라는 형태로 나눠 가진다. 소비자에게는 습관이지만, 투자자에게는 수익구조이고, 결국 이 둘은 하나의 순환 안에 있다. 소비를 하는 사람과 투자하는 사람은 결코 같은 위치에 있지 않으며, 이 차이는 시간이 지날수록 더 크게 벌어진다.

스타벅스는 단지 커피 회사가 아니다. 매출, 영업이익, 브랜드 파워까지 모두 상장 주식으로 계산되고 있으며, 그 가치가 시장에서 거래되고 있다. 우리는 이 브랜드의 소비자이지만, 동시에 주식시장에서는 투자자로서의 자격도 가질 수 있다. 이 차이를 만든 건 정보가 아니라 태도다. 매달 몇 만 원을 커피에 쓰면서도, 같은 금액을 스타벅스 주식에 투자해 보겠다는 생각을 해 본 사람은 많지 않다. 하지만 기업의 실적은 결국 소비자들의 지갑에서 시작되고, 그 흐름을 읽은 투자자는 배당과 주가 상승이라는 형태로 이익을 공유받는다.

우리가 일상에서 돈을 쓰게 만드는 기업들은 대부분 주식시장에 상장되어 있고, 거기서 수익을 올린 투자자들은 그 소비 행위에 대한 지분을 가진 셈이다. 디지털 구독료, 배달 수수료, 패션 브랜드, 편의점까지 우리가 '매달 일정하게 돈을 쓰는 곳'은 곧 '누군가의 자산이 되는 구조' 안에 있다. 문제는 이 구조에 우리가 어떤 위치로 참여하고 있느냐다. 계속해서 지출만 하는 위치에 머물 것인가, 아니면 작더라도 투자자의 위치로 옮겨 설 수 있는가. 자산의 기회는 정보보다 관점에서 갈린다.

이제는 '돈을 아끼는 법'만이 아니라 '돈이 흘러가는 방향을 바꾸는 법'이 중요하다. 스타벅스를 줄이자는 말이 아니다. 오히려 지금처럼 계속 소비할 예정이라면, 그 소비의 일부를 자산화하는 전략이 필요하다는 뜻이다. 매달 커피를 마시는 동시에, 매달 해당 기업의 주식을 사는 사람은 1년 뒤 전혀 다른 위치에 서게 된다. 일상의 반복 속에 자산이 흐르는 사람과, 습관 속에서 돈이 빠져나가는 사람은 결국 재무 인생의 속도 자체가 달라진다. 돈은 언제나 흘러간다. 다만 당신의 자산을 향해 흘러가게 만들 수 있을 뿐이다.

1.2 네이버, 카카오, 배달의민족 — 내가 밀어주는 기업들

우리는 무심코 매일 어떤 기업을 '응원'하며 살아간다. 누군가는 하루 종일 네이버 검색창을 열고, 누군가는 카카오톡으로 대화를 나누고, 퇴근 후엔 배달의민족 앱으로 저녁을 주문한다. 이렇게 반복되는 소비와 사용은 결국 그 기업의 매출이 되고, 이익이 되고, 브랜드 자산으로 축적된다. 그리고 이러한 실적은 상장회사의 주가로 반영되거나, 기업가치 상승으로 이어져 투자자에게 이익이 돌아간다. 우리가 일상에서 '사용자'로 참여한 모든 흔적은 자본시장에서는 '수익'으로 환산된다. 그런데 왜 우리는 그 수익의 흐름에 투자자로서 동참하지 않는가?

네이버와 카카오는 한국인이라면 누구나 사용하는 플랫폼이지만, 이 기업들의 실제 투자자 지형을 보면 개인보다 외국인과 기관이 더 많다. 우리가 매일 검색하고 메신저를 쓰며 만드는 트래픽은, 누군가에게는 자산 가치를 높이는 데이터이고, 광고 수익이고, 배당의 재원이 된다. 소비자가 된다는 것은 단지 제품을 쓰는 것이 아니라, 누군가의 비즈니스 모델을 완성해 주는 일이다. 이 점에서 '나는 어떤 기업의 소비자인가?'라는 질문은 동시에 '나는 어떤 기업에 수익을 넘겨주는 사람인가?'라는 질문이기도 하다.

배달의민족은 아직 상장되지 않았지만, 모회사인 독일 딜리버리히어로나 관련 투자 펀드들을 통해 간접적인 투자 접근이 가능하다. 우리는 소비자로서 그 생태계에 기여하고 있지만, 자산가치는 전혀 다른 위치에서 움직이고 있다. 이처럼 스타트업과 플랫폼 기업은 소비자가 응원한 만큼 자본시장에서 평가받고, 그 성과는 투자자의 몫으로 귀결된다. 소비는 즉각적인 만족을 주지만, 투자만이 그 가치 흐름을 되돌려받는 수단이 된다. 같은 앱을 쓰더라도, 그 구조에 어떻게 참여하느냐에 따라 재무적인 위치는 완전히 달라진다.

이제는 '좋아하는 브랜드에 투자하라'는 조언이 단순한 감성 마케팅이 아닌, 구조적 투자 전략으로 작동한다. 실제로 미국에서도 M세대와 Z세대는 자신이 사용하는 브랜드에 소액이라도 주식투자를 병행하는 사례가 늘고 있다. 사용자는 그저 지갑을 열지만, 투자자는 자산을 만든다. 내가 응원하는 기업에 매달 돈을 쓰고 있다면, 이제는 그 기업의 성장에 투자자로 참여할 수 있는 방식을 고민할 때다. 일상의 지출이 누군가의 수익이 되는 구조 안에서, 우리는 소비자와 투자자라는 두 역할을 언제든 선택할 수 있다.

1.3 '브랜드 주식'과 소비 연계 투자 전략

브랜드 주식이란, 일상에서 자주 소비하거나 친숙하게 느끼는 브랜드를 중심으로 구성한 주식 포트폴리오를 말한다. 이는 단순한 감정적 애착에 기반한 투자가 아니라, 소비 패턴이 자산구조로 이어질 수 있다는 실용적인 전략이다. 내가 매달 돈을 쓰는 브랜드, 매일 사용하는 서비스, 믿고 추천하는 상품이 있다면, 그것은 곧 그 브랜드의 시장 경쟁력에 대한 내 나름의 신뢰표시다. 브랜드 주식 투자는 이 신뢰를 단순 소비에서 멈추지 않고, 자산 설계에까지 확장하는 방식이다. 나의 지출을 내가 소유한 회사에 되돌리는 전략인 셈이다.

이 전략의 장점은 정보 접근성과 실생활 연계성에 있다. 이미 내가 사용하고 있는 브랜드라면, 그 상품이나 서비스에 대한 이해도는 누구보다 높다. 예를 들어, 애플 제품을 오랜 기간 사용해 온 사람은 애플의 생태계, 고객 충성도, 가격 정책, 제품 주기 등에 대한 체감 정보가 축적되어 있다. 이러한 생활 기반 정보는 뉴스보다 빠르고, 애널리스트보다 생생한 판단 기준이 될 수 있다. 브랜드 주식 투자는 분석보다 감각에서 시작되며, 일상의 선택이 투자 판단의 힌트가 된다.

그러나, 브랜드 주식 전략이 감각적이라고 해서, 감정적으로 접근해서는 안 된다. 내가 좋아한다고 해서 그 기업의 재무 상태까지 무조건 좋은 것은 아니다. 예를 들어, 소비자 충성도는 높지만 실적이 악화되거나 부채 구조가 취약한 기업도 존재한다. 따라서 브랜드에 기반한 종목을 선별하되, 반드시 해당 기업의 실적, 성장성, 시장 점유율, 경쟁 구조를 함께 검토해야 한다. 일상의 감각으로 종목을 발견하고, 재무적 기준으로 필터링하는 것이 브랜드 주식 전략의 균형 잡힌 접근이다.

이 전략은 적은 금액으로도 실현 가능하며, 투자 초심자에게 특히 유효하다. 매달 소비하는 5~10만 원을 동일한 브랜드의 주식이나 ETF에 정기적으로 투자하는 방식으로, 소액이지만 일관된 구조를 갖춘 자산화를 실천할 수 있다. '내가 쓰는 만큼 산다'는 단순한 원칙은 습관을 자산으로 바꾸는 가장 직관적인 출발점이 된다. 소비는 일회성이지만, 투자는 흐름을 만든다. 소비의 흔적이 자산의 씨앗이 되는 순간, 우리는 돈의 방향을 지출에서 수익으로 돌리는 구조적 전환을 시작하게 된다.

제2장

월세 내는 인생에서 월배당 받는 인생으로

2.1 리츠란 무엇이고, 어떻게 월배당이 가능한가?

리츠(REITs)는 부동산을 직접 사지 않고도 임대수익에 참여할 수 있게 해 주는 구조화된 투자 수단이라고 했다. 'Real Estate Investment Trusts'의 약자인 리츠는 다수의 투자자로부터 자금을 모아 오피스, 물류센터, 호텔, 데이터센터 등 수익형 부동산에 투자하고, 거기서 발생한 임대료 수익을 투자자에게 배당 형태로 돌려주는 구조다. 쉽게 말해 우리는 세입자가 될 수도 있지만, 동시에 그 건물의 소유권 일부를 가진 투자자가 될 수도 있다. 이것이 리츠가 월세 내는 사람과 월배당 받는 사람의 구조를 전환시켜 주는 열쇠인 이유다.

리츠가 배당을 제공할 수 있는 근거는 '수익의 원천'이 명확하다는 데 있다. 리츠가 보유한 건물에서 임대료가 들어오고, 그중 상당 부분을 법적으로 배당으로 지급해야 하기에 배당 흐름이 안정적이다. 특히 국내외 대부분의 리츠는 세제 혜택을 받기 위해 전체 수익의 90% 이상을 배당으로 분배하는 구조를 갖고 있다. 이로 인해 리츠는 일반 주식보다 높은 배당 수익률을 제공하는 경우가 많으며, 배당 주기 역시 분기 또는 월 단위로 구성되어 있어 생활형 현금 흐름 전략에 적합하다. 일정 자산을 리츠에 배치해 두는 것만으로도 '작은 월세를 받는 사람'이 되는 셈이다.

특히 최근에는 상장 리츠 외에도 리츠 기반의 ETF 상품들이 등장하면서, 일반 투자자도 적은 금액으로 손쉽게 포트폴리오에 리츠를 담을 수 있게 되었다. 월배당 ETF 중에는 리츠 종목으로 구성된 상품들이 많고, 일부는 글로벌 부동산에 투자함으로써 국내 경기와 분리된 수익 흐름을 제공한다. 이런 구조는 포트폴리오의 안정성을 높이고, 월 단위 수익의 예측 가능성을 강화해 준다. 월급처럼 예측 가능한 배당 흐름을 원하는 투자자에게 리츠는 단순한 자산군이 아니라, 자산의 리듬을 설계하는 도구가 된다.

물론 리츠에도 위험은 존재한다. 보유 부동산의 공실률, 임대료 변동, 금리 상승에 따른 자산가치 하락 등이 리츠 수익에 영향을 줄 수 있다. 하지만 리스크는 구조를 알면 예측하고 조절할 수 있다. 중요한 것은 리츠를 '부동산 대체재'가 아니라 '현금흐름 기반 투자'로 인식하는 관점이다. 우리가 매달 내는 월세는 누군가의 자산이자 수익이고, 그 구조 안에 일부라도 참여할 수 있다면, 우리는 월세 내는 삶에서 월배당 받는 삶으로의 전환점을 마련할 수 있다.

2.2 월세 지출 구조와 배당 수익의 구조 비교

우리는 흔히 월세를 '소비'라고 생각하지만, 자본의 관점에서 보면 그것은 누군가에게 '수익'이다. 임차인의 고정 지출은 임대인의 고정 수익이고, 이 흐름은 예외 없이 반복된다. 매달 말일이 되면 통장에서 빠져나가는 월세는 건물주에게 고정 수입이 되어 입금된다. 그런데 이 구조는 결코 특별한 것이 아니라, 매우 단순한 흐름의 반복이다. 문제는 이 구조 속에 우리는 늘 '지출하는 사람'으로만 존재해 왔고, 그 흐름을 일부라도 자신 쪽으로 되돌릴 수 있다는 가능성은 간과해온 것이다.

월세 구조는 정기성과 예측 가능성, 자산 기반 수익이라는 측면에서 리츠의 배당 구조와 매우 닮아 있다. 리츠 역시 보유한 부동산 자산에서 매달 또는 분기마다 임대료 수익을 창출하고, 그것을 투자자에게 배당금으로 분배한다. 즉, 우리가 임차인으로 매달 납부하는 돈과 투자자로서 리츠를 통해 받는 배당금은 본질적으로 같은 구조 위에 있다. 다만 한쪽은 소비자로서의 돈 흐름이고, 다른 한쪽은 자산가로서의 수익 흐름이다. 같은 부동산, 같은 임대료 구조 안에서도, 나의 위치에 따라 흐름은 완전히 반대가 된다.

이처럼 '내가 지출하는 구조'와 '내가 수익을 받는 구조'는 사실상 하나의 순환 안에 존재한다. 많은 사람들이 부동산을 소유하지 않기 때문에 월세 수입을 받는 것은 꿈처럼 여기지만, 리츠나 리츠 기반 ETF는 이 구조에 참여할 수 있는 현실적인 수단이다. 직접 부동산을 매입하지 않아도, 자본의 흐름 안에 투자자로서 편입될 수 있다는 점에서 리츠는 '임대소득의 분할 소유권'이라고도 볼 수 있다. 이는 단순한 자산 투자 개념을 넘어서, 지출 구조에 대한 위치 이동을 뜻한다.

이해의 핵심은 돈의 흐름이다. 우리는 지금도 매달 누군가의 자산에 기여하고 있다. 하지만 같은 흐름 속에서 방향을 바꾸는 순간, 지출은 수익으로, 비용은 현금 흐름으로 전환될 수 있다. 내가 지금 임대료를 낸다고 해서, 리츠에 투자하지 말라는 법은 없다. 오히려 임차인의 위치에 있기 때문에 더더욱 그 구조의 반대편에 있는 자산가의 사고방식을 배워야 한다. 자산은 '얼마를 가졌는가'보다 '어디에 속해 있는가'로 정의되며, 그 첫걸음은 흐름의 방향을 바꾸는 인식에서 시작된다.

2.3 현실적인 월배당 포트폴리오 구성 방법

 월배당은 이제 자산가들만의 특권이 아니다. 월 10만 원의 배당 흐름도, 매달 들어오는 리듬을 만든다는 점에서 강력한 재무적 안정감을 제공한다. 중요한 것은 금액의 크기가 아니라, 흐름의 예측 가능성과 구조화 여부다. 월세가 매달 나가는 고정지출이라면, 월배당은 그 반대편에 서서 지출을 상쇄하거나 미래를 대비하는 '현금 흐름 설계'가 된다. 이 구조는 생각보다 단순하며, 누구든 적은 자산으로도 설계할 수 있다. 핵심은 '무엇에, 얼마를, 어떻게 나누어 담을 것인가'라는 전략적 배분에 있다.

 가장 기본이 되는 것은 국내외 리츠 ETF와 고배당 월배당 ETF를 조합하는 것이다. 예를 들어 국내 자산운용사의 리츠 ETF를 활용해 분기 배당 구조를 마련하고, 미국 ETF 중에서는 Global X의 QYLD[30], JEPI[31], 또는 VNQ[32]와 같은 상품을 통해 월 단위 흐름을 보강할 수 있다.

 분배금 지급일이 서로 다른 상품을 혼합하면 '매달 현금 흐름이 끊

---

30) Global X Nasdaq 100 Covered Call ETF로, 운용사는 Global X이고 나스닥 100 지수에 커버드콜 전략을 적용하고 있으며, 10% 이상의 월배당을 제공한다. 상승장에서는 수익이 제한되고, 하락장에서 방어가 약하다는 특성이 있다.
31) JPMorgan Equity Premium Income ETF로, JP모간이 운용하는 퀄러티 주식 + ELN(구조화 상품) 방식의 옵션 프리미엄 수취가 가능한 방식이다. 커버드콜보다 유연한 방식으로 수익성을 추구한다. 배당수익률은 7~10% 수준이나, 주가 방어력이 QYLD보다 강하고 변동성이 낮다는 특성이 있다.
32) Vanguard Real Estate ETF로, 운용사는 Vanguard사다. 미국 내 상장 부동산투자신탁(REITs)에 분산 투자하여 부동산 임대수익 기반의 분기 배당을 제공한다. 최근의 배당수익률은 연간 4~5%로, 리츠에 장기 투자하려는 투자자에게 적합하다.

기지 않는 구조'를 만들 수 있다.

포트폴리오 구성에서는 '현금 흐름의 지속성'과 '자산의 안정성'을 동시에 고려해야 한다. 월배당 ETF가 옵션 전략을 활용한 커버드콜형 상품일 경우 배당은 비교적 안정적이지만, 수익 상승 여력은 제한된다. 또한 주가가 크게 하락하면 옵션 프리미엄이 하락을 완전히 방어해 주지 못한다는 점도 고려해야 한다.

리츠 기반 ETF 역시 마찬가지다. 이들은 보유 부동산의 임대 수익과 매각 차익을 기반으로 하지만, 불황기에는 부동산 경기 침체와 임대 수익 불안정, 공실 위험 등에 직면할 수 있다. 완전한 안전자산으로 보기는 어려운 것이다.

따라서 자산의 목적에 따라 비중을 다르게 가져가는 것이 중요하다. 생활비 대체용이라면 커버드콜 ETF를 중심에 두고, 중장기 성장을 원한다면 리츠와 지수형 고배당 ETF를 혼합하는 방식이 현실적이다.

시작하는 금액이 적어도 전략은 동일하다. 월 5만 원씩 ETF를 적립식으로 매수해도, 1년이면 60만 원, 5년이면 300만 원 이상의 월배당 자산이 만들어진다. 매달 일정하게 투자한다는 것은 월세를 내는 구조에 저항하지 않고, 그 반대편 구조를 하나씩 쌓아간다는 의미다. 중요한 건 규모가 아니라 습관이고, 방향이다. 월세는 매달 반복되는 고정비지만, 월배당은 매달 반복되는 수익구조가 될 수 있다. 그 차이를 만드는 것은 자산의 종류가 아니라, 흐름을 설계하려는 투자자의 의지다.

제3장

소비를 자산화하는 5가지 전략
─ 나만의 포트폴리오 만들기

3.1 통신비, 스트리밍비, 교육비…
반복지출을 투자로 바꾸는 법

한 달에 통신비 8만 원, 넷플릭스나 유튜브 프리미엄 구독료 1~2만 원, 학원비나 강의 플랫폼 수강료까지 더하면, 매달 반복되는 고정 지출은 결코 적지 않다. 이 지출들은 대부분 생활에 필요한 것이지만, 동시에 아무런 자산도 남기지 않고 통장에서 사라지는 돈이기도 하다. 하지만 이 흐름을 정면에서 다시 보면, 매달 '그 분야에 돈을 쓰는 사람'이라는 건 곧 그 산업의 성장에 직접적으로 기여하고 있다는 뜻이기도 하다. 그렇다면 같은 지출 구조를 활용해 나만의 자산구조로 전환할 수는 없을까?

이 질문의 출발점은 단순하다. '나는 매달 어떤 산업에 돈을 쓰고 있는가?'를 기록하는 것이다. 통신요금이 KT나 SKT라면, 해당 통신사 주식이나 ETF는 내가 속한 산업구조의 대표 자산이 된다. OTT 구독을 꾸준히 이용하고 있다면 디즈니, 넷플릭스, 구글(유튜브)의 모회사인 알파벳 그 흐름의 수익자로서 존재한다. 교육비를 쓰고 있다면 글로벌 교육기술 ETF나 국내 교육 콘텐츠 기업, 관련 AI 플랫폼들이 투자 후보군이 될 수 있다. 반복되는 지출은 곧 반복되는 기업 수익의 기반이며, 투자자는 그 흐름을 '거꾸로 따라가는 사람'이다.

이 전략의 핵심은 돈의 방향성을 바꾸는 것이다. 지금까지는 매달 일정한 돈이 특정 기업의 수익으로 넘어가고 있었다면, 이제는 그 기업의 일부를 내 포트폴리오에 담음으로써 '지출의 일부가 자산으로 돌아오는 구조'를 만드는 것이다. 물론 매달 1만 원씩 기업 주식을 사는 것이 당장 눈에 띄는 수익을 만들지는 않는다. 그러나 1년, 3년, 5년이 쌓이면 그 주식은 '지출의 잔여물'이 아니라 '자산의 씨앗'이 된다. 중요한 것은 규모가 아니라 흐름의 전환이며, 그 첫 단추는 반복되는 소비를 인식하고 추적하는 일이다.

통신, 스트리밍, 교육처럼 구조적으로 반복되는 소비는 투자 전략과 매우 잘 맞는 특성을 가진다. 계절성이나 충동성이 적고, 산업 성장도 꾸준히 이어지는 경향이 높기 때문이다. 특히 소비자가 많고 충성도가 높은 분야일수록, 그 산업의 ETF나 대표 기업 주식은 장기적으로 강한 복원력과 수익성을 보여 준다. '내가 매달 쓰는 돈을, 나를 위한 구조로 돌릴 수 있다면'이라는 사고 전환은 더 이상 철학이 아니라 실행 가능한 전략이 되었다. 매달 빠져나가는 고정비는 멈출 수 없어도, 그 흐름에 '자산이라는 밸브'를 다는 일은 누구나 할 수 있다.

3.2 '내가 쓰는 분야에 투자하라'
— 소비 기반 포트폴리오 설계

자신의 소비 습관을 정확히 아는 것은 곧 자신이 속한 경제 생태계를 이해하는 일이다. 매달 어떤 앱을 쓰고, 어떤 서비스를 구독하고, 어떤 브랜드에 익숙한가를 돌아보면, 내가 무의식중에 반복적으로 기여하고 있는 산업이 무엇인지 보이기 시작한다. 이 구조를 투자로 확장하면, 나는 이미 익숙하고 신뢰하는 분야에 자산을 배분하는 셈이 된다. 이것이 바로 소비 기반 포트폴리오의 핵심이다. 전문 지식 없이도, 정보 과잉에 휘둘리지 않고도, 자신이 가장 잘 아는 산업부터 투자 전략을 시작할 수 있다.

이 전략은 단순하지만 강력하다. 예를 들어 카카오택시를 자주 타고, 카카오페이로 결제하고, 카카오뱅크를 쓰는 사용자라면, 해당 기업이나 관련 ETF에 투자하는 것이 자연스럽다. 아이를 키우는 부모라면 교육 콘텐츠나 유아용품 관련 기업, 글로벌 육아산업 ETF가 친숙할 수 있고, 디지털 콘텐츠에 많은 시간을 쓰는 사람이라면 게임, 영상, 스트리밍 산업이 나의 주 포트폴리오가 될 수 있다. 내가 잘 아는 브랜드와 서비스에 투자한다는 것은, 기업의 실적을 생활에서 체감할 수 있다는 뜻이다.

소비 기반 포트폴리오의 장점은 리스크 관리에도 있다. 잘 모르는 산업보다, 이미 생활 속에서 쓰고 있는 분야는 시장 변화나 이슈에 민감하게 반응할 수 있다. 내가 매일 사용하는 앱에 변화가 생기거나 요금 정책이 바뀌는 걸 즉각 체감할 수 있기 때문에, 수치나 지표보다 빠르게 움직일 수 있다. 이런 생활 기반 정보는 투자자의 반응 속도를 높이고, 불확실한 환경에서 심리적 안정감을 주는 역할도 한다. 이해도가 높다는 것은 단순한 정보 축적을 넘어, 투자 지속성이라는 무형의 자산을 만들어 낸다.

다만, 이 전략도 균형은 필요하다. 내가 소비한다고 해서 그 기업이 반드시 우량한 투자처인 것은 아니다. 소비 기반 포트폴리오는 전체 자산의 일부로 활용하고, 나머지는 지수형 ETF나 분산형 상품으로 구성해 안정성을 유지해야 한다. 전체 포트폴리오를 '핵심(Core)'과 '확장(Edge)'으로 나누는 구조를 적용하면, 내가 이해하고 있는 분야에 집중하면서도 전체적인 리스크는 통제할 수 있다. 소비 기반 투자의 가치는, 내 돈이 흘러가는 경로를 의식적으로 바라보고, 그 흐름을 자산의 언어로 되돌리는 데 있다.

3.3 내 소비내역으로 투자 포트폴리오를 짜 보는 훈련

 소비를 자산으로 바꾸는 가장 효과적인 방법은, 지금 당장 내가 어디에 돈을 쓰고 있는지 직면하는 것이다. 복잡한 재무 분석이나 시장 전망보다도 먼저 필요한 것은, 나 자신의 지출 흐름을 들여다보는 일이다. 3개월간의 카드 명세서만 정리해도, 반복되는 패턴은 쉽게 드러난다. 주로 쓰는 브랜드, 자주 방문하는 플랫폼, 매달 빠져나가는 고정지출이 무엇인지 파악하면, 그것이 곧 나의 투자 테마이자 포트폴리오의 실마리가 된다. 투자 아이디어는 멀리 있는 것이 아니라, 내 소비 내역 속에 이미 존재한다.

 예를 들어 통신요금이 KT, SKT 같은 특정 통신사에 매달 고정되어 있다면, 그 기업에 소액씩 분할 투자하거나 관련 ETF를 정기 매수하는 방식이 가능하다. 음식 배달비나 프랜차이즈 소비가 잦다면, 배달 플랫폼이나 외식 산업 ETF, 혹은 해당 브랜드의 지주사에 대한 간접 투자도 전략이 될 수 있다. 콘텐츠 구독이 꾸준하다면 넷플릭스, 디즈니, 구글 등 관련 종목이나 커뮤니케이션 ETF가 자연스럽게 포트폴리오에 포함될 수 있다. 소비는 곧 행동이고, 그 반복은 시장에서 기업의 수익으로 연결되기 때문에, 투자자는 이 흐름을 역으로 추적해 자산화할 수 있다.

 이 훈련의 핵심은 숫자보다 구조에 있다. 소비 내역은 사실상 '나의 경제적 취향'이 반영된 데이터이고, 이를 기반으로 설계한 포트폴리오는 나만의 삶과 감각에 맞는 자산구조가 된다. 이렇게 만들어진 포트폴리오는 단순히 수익률만을 좇는 것이 아니라, 일상 속 돈의 흐름을 내 쪽으로 되돌려주는 순환 구조를 갖는다. 그래서 이 방식은 전략이자 심리적 안정 장치가 되며, 장기적인 투자 지속성을 확보해주는 효과도 크다. 내가 실제로 이해하고, 애정이 있는 분야에 투자할 때 포트폴리오는 쉽게 무너지지 않는다.

이 훈련은 단 한 번으로 끝나는 게 아니라, 주기적으로 반복될수록 더 정교해진다. 3개월마다 소비 항목을 재검토하고, 새로운 지출 흐름을 포착해 포트폴리오를 조정하는 루틴을 만들면, 생활과 투자가 서로 분리되지 않고 함께 진화한다. 이처럼 소비 내역은 과거의 기록이 아니라 미래 자산구조의 지도다. 나의 행동을 읽고, 그에 맞는 투자 전략을 세우는 능력이 쌓일수록, 우리는 더 이상 시장에서 길을 잃지 않는 투자자가 된다.

3.4 소비를 자산으로 전환하는 3단계 모델 (심화학습)

일상 속 소비를 단순 지출로 끝내지 않고 자산으로 전환하는 것은 이 책 전체를 관통하는 핵심 전략이다. 그러나 소비와 자산 사이의 연결을 실천으로 옮기기 위해서는 보다 체계적인 사고와 구조적 접근이 필요하다. 이 과정을 설명하는 데 유용한 틀은 '행동재무학(Behavioral

Finance)'[33] 접근법이다.

행동재무학은 인간이 경제적 의사결정을 할 때 비합리적인 요소, 즉 심리적 편향과 습관이 중요한 역할을 한다는 점을 강조한다. 특히 소비 습관은 투자 행동과 강력하게 연결되어 있다. 소비는 즉각적인 만족을 추구하는 성향을 반영하며, 이는 장기적 자산 성장과 상충할 수 있다. 소비와 투자의 연결을 이해하고 의식적으로 설계하는 사람만이 이 경로를 전환할 수 있다.

'소비-투자 연결 이론'[34]은 소비 패턴을 분석하여 투자 전략으로 자

---

33) 전통 재무이론은 '투자자는 합리적이다'라고 가정(예: 효율적 시장 가설)했다. 그러나, 현실에서는 사람들이 탐욕, 과시, 공포, 편견 등으로 인해 비합리적인 투자 행동을 자주 보인다는 것이다. 예를 들어, 고급 브랜드로 출시된 옷이 안 팔리자 가격표에 '0'을 하나 더 붙였더니 오히려 불티나게 팔렸다는 얘기가 있다. 행동재무학과 관련해서는, 전통 경제학의 '합리적 인간' 가정에 반기를 들고, 인지 편향과 휴리스틱(직관적 사고)의 영향을 체계화하여 2002년 노벨경제학상을 수상한 심리학자 대니얼 카너먼(Daniel Kahneman)과, 투자자들이 어떻게 감정, 심리, 편향에 따라 비합리적으로 행동하는지에 대해 수많은 실험으로 입증하는 등 행동재무학을 재무이론에 본격적으로 도입하여 2017년 노벨경제학상을 수상한 리처드 세일러(Richard Thaler)가 주목받고 있다.

34) '소비-투자 연결 이론(Consumption-Investment Linkage Theory)'은 명확하게 하나의 독립된 정식 이론으로 정립된 체계라기보다는, '행동재무학'과 '소비 기반 자산 이론(Consumption-Based Asset Pricing Theory)'의 흐름 속에서 파생된 실천적 개념이다. '소비 기반 자산 이론'은 1979년 Douglas T. Breeden의 논문 『An Intertemporal Asset Pricing Model with Stochastic Consumption and Investment Opportunities』에 의해 제시된 것으로, "자산의 기대수익률은 소비의 변동성과 시간선호율에 따라 결정된다"는 것이 핵심이다. 아울러, 행동재무학 기반의 소비-투자 연결은 Meir Statman이 저서 『Behavioral Finance: Psychology, Decision-Making, and Markets (2019)』에서 주장한 "사람들의 소비와 투자 행동은 일관된 심리 패턴(예: 자존감, 사회적 비교, 실현 욕구)에 따라 동시에 결정된다"고 주장한 것과도 연결된다. 실무 응용 분야에서는 '소비 기반 포트폴리오 설계(Consumption-Based Portfolio Construction)' 또는 '라이프스타일-투자 정렬 전략(Lifestyle-Investment Alignment)' 등의 이름으로 활용되고 있다.

연스럽게 이어가는 흐름을 제안한다. 이 이론에 따르면, 개인의 소비 카테고리는 그 사람의 경제적 신념, 미래 기대, 리스크 선호를 반영한다. 예를 들어, 건강 관련 소비(헬스케어, 유기농 식품 등)에 큰 비용을 지출하는 사람은 헬스케어 ETF나 ESG(환경·사회·지배구조) 지향형 투자에 높은 수용성을 보일 가능성이 있다. 반대로, 빠른 소비(패션, 외식 등)에 집중된 소비자는 고성장 산업군에 대한 투자 성향을 지닐 수 있다.

이를 기반으로 실질적인 소비-자산 전환을 위해 다음과 같은 3단계 모델을 적용할 수 있다.

① 1단계: 소비 구조 분석

최근 3~6개월간의 카드 명세서와 결제 내역을 분석하여, 주요 소비 카테고리(예: 통신, 외식, 교육, 헬스케어 등)를 도출한다. 이는 자신의 경제적 가치관과 지출 습관을 객관적으로 파악하는 단계다.

② 2단계: 소비와 연계된 투자 대상 매칭

각 소비 카테고리에 대응하는 산업군과 대표기업, ETF를 매칭한다. 예를 들어, 넷플릭스 구독료를 매달 지출한다면, 커뮤니케이션 섹터 ETF를, 스타벅스 커피를 자주 소비한다면 소비재 ETF를 고려할 수 있다. 이 과정은 소비를 '투자 아이디어'로 전환하는 훈련이다.

③ 3단계: 소비 기반 포트폴리오 설계 및 실행

각 소비 항목별로 소액이라도 정기적 투자 계획을 세운다. 커피 한 잔 값, 한 달 구독료, 통신비 일부를 해당 산업군 ETF나 관련 주식에 적립식으로 투자하는 것이다. 이렇게 소비 흐름과 투자 흐름을 연결시키면, 일상적인 소비가 자산 성장의 원천으로 전환된다.

이 모델은 단순히 소비를 절약하라는 메시지가 아니다. '어차피 쓰는 돈이라면', 그 돈의 흐름을 통해 자산 구축의 출발점을 만들자는 전략이다. 소비와 투자를 단절된 행위가 아니라, 하나의 연속선상에 놓고 의식적으로 설계하는 사고방식. 이것이 소비를 자산으로 바꾸는 첫 번째 조건이며, 현대적 자산 설계의 시작이다.

제6부

투자 이전의 질문들
— 돈, 나, 사회

제1장

나는 왜 부자가 되고 싶은가
— 욕망의 근원을 마주하다

1.1 비교의 감정과 부족함의 인식

사람들은 부자가 되고 싶다고 말한다. 하지만 그 욕망이 언제 시작되었는지를 묻는다면, 명확하게 대답하기 어렵다. 단지 어릴 때부터, 혹은 사회에 나와 타인의 삶을 보면서 막연하게 느껴졌다고 설명할 뿐이다. 그 감정은 사실상 비교에서 비롯된다. 누군가가 먼저 집을 사고, 먼저 차를 바꾸고, 여유로운 생활을 누리는 모습을 볼 때, '왜 나는 안 될까?'라는 감정이 자연스럽게 따라온다. 비교는 감정의 방향을 바꾸고, 현실의 해석을 바꾼다.

비교는 현실을 객관적으로 파악하게 하기보다는, 자신이 놓인 상황을 상대적인 부족함으로 느끼게 만든다. 비슷한 시기를 살아온 친구와의 차이, SNS에서 보이는 누군가의 일상, 동료의 소비 습관 같은 외부 자극은 나의 현재를 부정적으로 바라보게 만든다. 중요한 것은 이 비교가 대부분 '결과'에 대한 것이지, 그 사람이 거쳐온 과정이나 배경, 조건에 대한 것은 아니라는 점이다. 우리는 그가 가진 것을 보고 스스로가 가지지 못한 것을 떠올린다. 그렇게 시작된 감정은 곧 자기 인식의 왜곡으로 이어진다.

많은 사람은 자신에게 돈이 부족하다고 느낀다. 하지만 실상은 돈보다 안정감이 부족하고, 자존감이 흔들리고 있는 경우가 많다. 우리는 많은 돈을 가지고 있는 사람을 보며 부러움을 느끼고, 이들과 비교하며 자신의 가치를 판단하는 경우가 종종 있다. 이때 부자가 된다는 것은 단지 물질적인 상태가 아니라, '비교하지 않아도 되는 위치'로의 이동처럼 받아들여진다. 즉, 돈을 갖고 싶은 마음은 곧 자신이 타인의 기준에서 벗어나고 싶다는 욕망의 표현일 수 있다.

그러나 이 감정이 지속되면 삶의 기준이 점차 외부로 이동하게 된다. 내가 필요한 것을 중심으로 돈을 벌고 쓰는 것이 아니라, 남들이 가진 것을 따라잡기 위해 돈을 벌고, 그것을 기준으로 소비하게 된다. 이때 돈은 수단이 아니라, 존재의 증명처럼 기능한다. 결국, 우리는 실제 필요보다 비교의 감정에 반응하며, 그로 인해 더 많은 돈을 원하고, 더 높은 위치를 추구하게 된다. 그리고 이 과정에서 오는 긴장감과 불안은 절대 줄어들지 않는다.

부자가 되고 싶다는 마음은 자연스러운 감정이다. 하지만 그 출발이 비교와 결핍에서 비롯되었다면, 그것은 나의 삶을 주도적으로 설계하기보다, 타인의 기준에 반응하는 삶으로 이어질 수 있다. 진짜 필요한 것은 얼마를 버는가가 아니라, 어떤 기준으로 돈을 바라보는가다. 내게 진정 필요한 자산의 구조를 설계하기 위해서는 먼저 비교의 감정을 인식하고, 나만의 기준을 세우는 일이 선행되어야 한다. 그래야만 흐릿했던 욕망은 전략으로 바뀌고, 방향 없는 감정은 삶을 구성하는 자산 설계로 이어질 수 있다.

1.2 '부자가 되고 싶다'는 말의 진짜 의미

우리는 종종 '부자가 되고 싶다'는 말을 가볍게 내뱉는다. 하지만 그 말의 진짜 의미를 구체적으로 설명하라고 하면, 쉽게 답하지 못한다. 부자란 무엇인가? 정확히 얼마의 자산을 가져야 부자라고 할 수 있을까? 어떤 삶을 살아야 부자라는 말을 들을 수 있을까? 이 질문들 앞에서 우리는 '부자가 되고 싶다'는 말이 사실은 수치나 조건의 문제가 아니라, 감정과 인식의 문제임을 알게 된다. 그것은 단순한 자산의 크기를 향한 열망이 아니라, 삶에 대한 통제권과 안정감을 회복하고 싶다는 신호일 수 있다.

부자가 되고 싶다는 말은 종종 불안에서 시작된다. 현재의 소득으로는 미래를 감당할 수 없을 것 같고, 뜻하지 않은 위기에 취약할 것 같으며, 어떤 선택도 자유롭지 않다는 생각이 머릿속을 떠나지 않는다. 이런 감정은 '돈이 많아야 불안을 줄일 수 있다'는 논리로 이어지고, 결국 더 많은 자산을 원하는 욕망으로 바뀐다. 하지만 그 욕망의 실체를 깊이 들여다보면, 우리는 돈 자체를 원하는 것이 아니라, 돈이 가져다줄 수 있는 심리적 여유와 삶의 선택지를 바라는 것임을 알 수 있다.

많은 사람이 돈을 '모으기 위해' 사는 것처럼 보인다. 그러나 실제로는 그 돈으로 하고 싶은 일, 지키고 싶은 것, 피하고 싶은 상황이 존재한다. 예를 들어, 누군가는 언젠가 다닐 회사를 그만둘 자유를 갖고 싶어 하고, 누군가는 아픈 가족을 걱정 없이 돌볼 수 있는 재정적 기반을 원한다. 또 누군가는 결혼이나 출산 같은 인생의 중요한 선택 앞에서 경제적 이유로 망설이고 싶지 않아 한다. 이 모든 바람은 '돈'이라는 단어로 수렴되지만, 실제로는 삶의 우선순위와 자율성을 되찾고 싶다는 열망에 가깝다.

그렇기에 '부자 되고 싶다'는 말은 절대 단순하지 않다. 어떤 사람에게는 타인의 평가에서 자유로워지고 싶은 욕망일 수 있고, 또 다른 사람에게는 부모나 가족에게 경제적으로 기대지 않아도 되는 독립의 선언일 수 있다. 그리고 어떤 이에게는 어릴 적 겪은 결핍을 반복하지 않기 위한 자기방어일 수도 있다. 즉, 그 말은 각자의 경험과 감정, 상처와 결심이 뒤섞인 고유한 문장이다. 겉으로는 비슷해 보여도, 각자가 품고 있는 부의 정의는 다르다.

부자가 된다는 말은 자산의 크기로만 정의할 수 없다. 자산은 측정 가능한 숫자이지만, '부자다'라는 감각은 심리적 안정, 선택의 자유, 미래에 대한 대비 가능성으로부터 비롯된다. 어떤 이는 연봉이 1억이 넘어도 불안해하고, 어떤 이는 매달 300만 원을 벌면서도 삶에 만족을 느낀다. 따라서 진정으로 자산 설계를 시작하려면, 먼저 나에게 '부자'란 무엇인지, 나는 왜 그것을 원하고 있는지를 구체적으로 정의할 수 있어야 한다. 그래야만 방향 없는 추구에서 벗어나 나에게 맞는 전략을 설계할 수 있다.

'부자가 되고 싶다'는 말은 누구나 할 수 있다. 그러나 그 말의 의미를 자신의 삶에 맞게 해석하고, 그것을 실현 가능한 목표로 바꾸는 사람은 많지 않다. 이제는 그 욕망을 단순한 감탄사가 아니라, 삶의 설계 언어로 다루어야 할 때다. 당신에게 '부자'란 어떤 삶인가? 그 정의가 명확해지는 순간, 자산의 구조는 의미를 갖고, 돈은 방향을 가지게 된다.

1.3 돈으로 보상받고 싶은 심리

누구나 살아가며 보상받지 못한 기억을 하나쯤은 갖고 있다. 열심히 노력했지만 인정받지 못했거나, 감정적으로 힘들었던 순간에 위로 하나 없이 혼자 견뎌야 했던 경험들이 마음속에 남는다. 이처럼 채워지지 않은 감정은 종종 욕망의 형태로 바뀌고, 그 욕망은 '돈'이라는 수단을 통해 보상받고자 하는 심리로 이어진다. 그래서 우리는 가끔 "이 정도는 내가 누릴 자격이 있어"라는 말을 하며 소비를 정당화하고, 비싼 음식이나 물건을 통해 감정을 달래고자 한다.

돈은 단순한 거래 수단을 넘어선다. 그것은 사회적 인정의 상징이기도 하고, 나의 시간과 노력을 측정하는 척도처럼 여겨지기도 한다. 특히 현대 사회에서는 연봉이나 자산 수준이 개인의 가치와 성취를 평가하는 기준처럼 작동하기 때문에, 우리는 돈을 통해 자신이 얼마나 존중받고 있는지를 확인하려는 경향을 보인다. 이런 맥락에서 돈은 단순한 경제적 자원이 아니라, 나의 존재를 입증하고 상처를 보상하는 정서적 도구로 작용하기도 한다.

이러한 심리는 소비 행태에 그대로 반영된다. 스트레스를 받았을 때 충동적으로 쇼핑을 하거나, 억울했던 날에는 스스로를 위해 고급 음식을 사는 일은 흔히 일어나는 일이다. 이 같은 보상 소비는 감정적으로는 일시적인 안정감을 주지만, 구조적으로는 반복적인 지출 패턴을 만들며 자산 형성을 방해할 수 있다. 문제는, 이 소비가 진짜 감정의 해결책이 아니라는 점이다. 돈으로 감정을 눌러두는 방식은 근본적인 위안을 주지 못하고, 오히려 공허감과 죄책감을 남기기도 한다.

돈으로 보상받고 싶은 마음은 이해할 수 있다. 과거의 상처를 잊고 싶고, 스스로를 위로하고 싶은 욕구는 인간적인 감정이다. 그러나 그 욕구가 자산의 방향까지 지배하게 될 때, 우리는 감정에 끌려다니는 자산 설계를 하게 된다. 내게 필요한 자산의 구조가 아니라, 감정을 달래기 위한 소비의 구조가 형성되는 것이다. 이것은 장기적으로 자산의 누수를 의미하며, 결국 감정도 치유되지 않고 돈도 쌓이지 않는 이중의 손실로 이어질 수 있다.

돈은 감정을 달래기 위한 장치가 아니라, 삶을 안정시키는 구조로 사용되어야 한다. 보상을 원하는 심리는 누구에게나 있지만, 그 보상의 방식이 반드시 소비여야 할 필요는 없다. 오히려 나의 시간과 노력이 장기적으로 축적되는 자산 구조로 연결될 때, 진정한 보상은 자연스럽게 따라온다. 감정을 기준으로 돈을 쓰기보다, 삶의 방향에 따라 돈을 설계하는 방식이 되어야 한다. 그래야만 돈은 보상의 대체물이 아니라, 내가 원하는 삶의 결과로서 기능할 수 있다.

1.4 욕망의 구조: 소유, 비교, 보상의 삼각 프레임
(심화학습)

'부자가 되고 싶다'는 욕망은 단일한 감정이 아니다. 이 욕망은 뿌리 깊은 세 가지 심리 구조, 즉 소유에 대한 욕구, 타인과의 비교, 그리고 과거 경험에 대한 보상 심리가 얽혀 작동하는 복합적 프레임 안에서 형성된다. 이 삼각 프레임을 이해하면, 우리가 왜 특정 방식으로 돈을 갈망하고, 왜 때로는 비합리적인 소비나 투자를 반복하는지를 보다 명확히 인식할 수 있다.

첫 번째 축은 소유의 욕망이다. 우리는 끊임없이 무언가를 갖고자 한다. 자동차, 명품, 부동산, 주식, 또는 '경제적 자유'라는 상태 그 자체까지도. 이 소유 욕망은 단순한 물질적 획득의 차원을 넘어, 정체성의 일부가 되곤 한다. "나는 이것을 가졌다"는 감각은 단순한 만족을 넘어서, "나는 가치 있는 사람이다"라는 자기 인식으로 이어진다. 그래서 우리는 더 많이 소유하고자 하며, 그 소유가 나의 존재를 확증해 주는 수단으로 변질되기 쉽다.[35]

두 번째 축은 비교의 심리다. 인간은 자신의 성취를 절대적인 기준이 아니라 상대적인 위치에서 판단하는 경향이 있다. 친구가 더 좋은 차를 타고, 동료가 더 높은 연봉을 받으며, 이웃이 더 넓은 집으로 이사 갔다는 사실은 나의 현재를 박탈감으로 물들인다. 이 비교는 끝이 없다. 비교 대상이 바뀔 뿐, 기준은 계속 상승한다. 따라서 소득이 늘어도, 자산이 불어나도 만족은 오래가지 않는다. 우리는 계속해서 새

---

35) 에리히 프롬은 『소유냐 존재냐(To Have or To Be?)』에서 인간이 존재의 증명을 소유로 증명하려는 경향을 비판하며, 소유욕이 자아의 안정성을 대신하려는 심리적 방어 기제로 작동한다고 보았다[Fromm, E. (1976). *To have or to be?* (Trans. J. R. Back). Harper & Row]. 또한, 장 보드리야르는 『소비의 사회(La société de consommation)』에서 현대인은 물건을 실용 가치가 아니라 사회적 상징으로 소비하며, 물질 소유를 통해 정체성과 사회적 위계를 구성하려는 경향이 있다고 분석하였다[Baudrillard, J. (1998). *The consumer society: Myths and structures* (C. Turner, Trans.). Sage Publications. (Original work published 1970)].

로운 비교 속에 놓이게 되고, 그 안에서 다시 욕망이 증식된다.[36]

세 번째 축은 보상 심리다. 앞의 절에서 살펴본 것처럼, 우리는 과거의 고통이나 인정받지 못한 순간을 돈이라는 수단을 통해 보상받고 싶어 한다. 이 심리는 단기적인 위안을 제공할 수 있지만, 구조화되지 않으면 반복되는 소비 패턴과 감정적 지출로 이어진다. 특히 감정이 격해질수록 우리는 더 큰 보상을 원하게 되고, 이는 불균형한 재무 습관과 비효율적인 투자 판단으로 연결될 수 있다.[37]

이렇게 세 축이 서로를 자극하며, 욕망은 선순환이 아닌 악순환 구조로 강화된다. 더 많이 소유하고 싶고, 더 나은 비교 우위를 점하고 싶고, 더 깊은 보상을 요구하는 심리는 결국 지속적인 불만족과 불안의 구조를 낳는다. 돈은 늘 부족하게 느껴지고, 투자 성과는 항상 아

---

[36] 사회심리학자 레온 페스팅거는 '사회적 비교 이론'을 통해 인간이 자신의 능력과 가치를 평가할 때 객관적 기준보다 타인과의 상대적 비교에 의존하는 경향이 있음을 설명하였다(Festinger, L. (1954). *A theory of social comparison processes*. Human Relations, 7(2), 117-140). 이러한 비교는 끊임없이 새로운 기준을 만들어 내며, 욕망의 강화와 정서적 불만족을 유발한다는 점에서 경제적 판단과 소비 행위에도 깊은 영향을 미친다.

[37] 대니얼 카너먼과 아모스 트버스키는 프로스펙트 이론을 통해 사람들이 손실에 대해 더 민감하게 반응하고, 그와 동일한 가치를 갖는 이득보다 손실을 더 크게 인식한다는 심리를 설명하였다. 이 이론은 사람은 감정적으로 손해를 본 경험이 있을 때, 이를 보상하기 위해 위험을 감수하는 선택을 하는 경향을 보인다는 점에서, 반복 소비와 투자 실패의 배경이 될 수 있다(Kahneman, D., & Tversky, A. (1979). Prospect theory: An analysis of decision under risk. *Econometrica*, 47(2), 263-291). 한편, 리처드 탈러는 멘탈 어카운팅(Mental Accounting) 개념을 통해 사람들이 돈을 감정적으로 분리된 계정으로 인식하고, '보상 소비'와 같은 심리적 회계 장부를 무의식중에 사용하는 경향을 보인다고 설명하였다. 이는 고통스러운 경험 이후 "나를 위한 선물"이라는 회계 구조를 통해 소비를 정당화하는 구조와 맞닿아 있다(Thaler, R. H. (1985). Mental accounting and consumer choice. *Marketing Science*, 4(3), 199-214).

쉬우며, 소비는 순간의 위안에 그친다. 이 악순환을 끊기 위해서는 단지 소비를 줄이거나 투자를 잘하는 기술을 익히는 것만으로는 부족하다.

핵심은 욕망의 구조를 인식하고, 이를 해체하는 힘이다. 소유가 아닌 경험에 집중하고, 타인과의 비교가 아닌 나 자신의 삶의 흐름에 초점을 맞추며, 보상 심리를 외부에서 찾기보다 내면의 회복력과 자기 인정을 통해 채우는 방식으로 전환해야 한다. 그렇게 욕망의 삼각 프레임이 해체되기 시작하면, 돈은 '부족한 나를 채우기 위한 도구'가 아니라, '내 삶을 설계하고 완성하는 수단'이 될 수 있다. 그리고 그 순간, 우리는 더 이상 돈에 휘둘리는 존재가 아니라, 돈을 구조화할 수 있는 주체로 거듭나게 된다.

제2장

돈에 대한 나의 감정은 무엇인가
— 무의식의 경제 습관

2.1 돈이 주는 불안, 통제, 회피

돈을 떠올릴 때 우리는 흔히 '희망'이나 '자유' 같은 긍정적 이미지를 먼저 말하지만, 실제 감정의 뿌리는 종종 불안에서 출발한다. 돈은 단지 숫자가 아니다. 그것은 생존, 자존감, 미래에 대한 통제력을 상징하는 기호이며, 그러하기에 돈을 다루는 감정은 언제나 복잡하다. 누군가는 통장을 볼 때마다 불안해하고, 누군가는 계산기를 두드리며 안도하거나 불쾌함을 느낀다. 이러한 감정은 단지 현재의 경제적 수준이 아니라, 돈에 대해 형성된 무의식적 태도와 긴밀히 연결되어 있다.

가장 흔한 감정은 불안이다. 예기치 못한 사고, 해고, 병원비, 노후… 아직 일어나지 않은 미래의 위험이 돈과 연결되면서 우리는 끊임없이 준비하지 않으면 안 된다는 압박 속에 놓인다. 심지어 통장에 돈이 꽤 있음에도 마음이 놓이지 않는 이유는, 그 불안이 외부 상황보다 내부 감정에서 기인하기 때문이다. 돈은 늘 모자라고, 지금의 준비로는 부족할 것 같다는 감정은 실체가 아닌 심리 구조에서 형성된다.

그다음은 통제 욕구다. 돈을 계획대로 쓰지 못하면 화가 나고, 예산을 초과하면 죄책감이 밀려오는 사람들은 통제를 통해 안정감을 확보하려는 심리를 갖고 있다. 이들은 지출 내역을 꼼꼼히 기록하고, 소비를 자책하고, 절약 계획을 통해 심리적 질서를 유지하려 한다. 이런 통제는 어느 정도까지는 건전한 자산 습관으로 작용하지만, 지나칠 경우 돈이 나를 위한 수단이 아니라 나를 통제하는 대상이 되어 버릴 수 있다. 돈을 통해 질서를 확보하려는 심리는 결국 스스로의 감정까지 제한하게 만든다.

반대로, 회피의 감정도 존재한다. 돈 이야기가 나오면 귀찮거나, 자신이 없거나, 마주치고 싶지 않다는 감정을 느끼는 사람들이 있다. 카드값이 얼마인지, 이번 달 적자는 얼마인지 모른 채 살아가는 방식은 일시적으로 마음을 편하게 해 주지만, 장기적으로는 재정적 무책임을 초래한다. 회피는 돈에 대한 불안의 또 다른 형태이며, 때로는 과거의 실패 경험이나 자산에 대한 열등감, 가정환경에서의 경제적 트라우마로부터 비롯되기도 한다.

이러한 감정은 삶 전체에 영향을 미친다. 불안은 지나친 저축이나 투자를 유도하고, 통제는 유연한 소비를 막고, 회피는 장기적 계획을 무너뜨린다. 감정이 자산 구조를 결정짓는 순간, 우리는 합리적인 재무 설계가 아닌 감정 주도적 재정 행동을 반복하게 된다. 따라서 돈을 다루기 위한 첫 번째 훈련은 숫자보다 감정의 구조를 파악하는 것이다. 나에게 돈은 어떤 감정을 불러오는지, 나는 어떤 방식으로 돈과 감정을 연결 짓는지를 들여다보아야 한다. 이 감정의 언어를 정확히 해석할 수 있어야만, 진짜 자산 설계가 시작된다.

2.2 소비 중독과 절약 강박의 심리적 뿌리

돈을 대하는 사람들의 극단적 행동에는 공통적으로 '심리적 보상'이 작동한다. 소비 중독에 빠지는 사람과 절약 강박에 집착하는 사람은 겉보기엔 정반대지만, 내면에서는 같은 구조가 반복된다. 그들은 모두 돈을 통해 어떤 감정적 결핍을 메우려 한다. 이 결핍은 과거의 박탈, 비교에서 오는 열등감, 미래에 대한 불안감 같은 정서에서 비롯되며, 반복되는 경제적 습관으로 자리 잡는다.

소비 중독은 단순히 '물건을 많이 사는 것'이 아니다. 그것은 감정 조절의 수단이다. 스트레스를 받거나 불안할 때 쇼핑을 하여 안도감을 느끼는 심리는 대부분 무의식적으로 작동한다. 이때 소비는 더 이상 합리적 판단에 의한 것이 아니라 정서적 위안을 위한 도구가 되는 경우가 많다. 특히 외로움, 무력감, 자존감 저하 같은 감정은 물건을 소유함으로써 자기 존재를 재확인하려는 시도로 이어진다. 소유가 곧 존재를 증명하는 기제로 왜곡되는 순간, 소비는 중독으로 진입한다. 문제는 이런 소비가 채워지지 않는다는 데 있다. 위안은 짧고 반복은 길며, 결국 자산은 빠르게 소모된다.

반면 절약 강박은 다른 방식의 불안을 드러낸다. 지출을 줄이고 또 줄이며 안정을 확보하려는 사람들 중에는, 돈을 쓰는 것 자체를 위협으로 인식하는 경우가 있다. 이들은 물건 하나를 사는 데도 과도한 스트레스를 느끼고, '낭비하지 않았는가'를 끊임없이 점검하며 자책한다. 절약은 미덕일 수 있지만, 지나치면 감정적 자유를 억누르는 족쇄가 된다. 특히 어린 시절 경제적으로 불안정했던 환경에서 자란 경우, 돈을 쓰는 행위는 '죄책감'이나 '불안'과 직결되며, 이런 경험이 쌓여 강박적인 절약 습관으로 발전한다.

이 두 극단은 서로 대립하는 듯하지만, 실제로는 하나의 축 위에 있다. 그것은 바로 돈을 통해 감정을 통제하려는 심리적 메커니즘이다. 소비 중독은 감정을 달래기 위해, 절약 강박은 감정을 억제하기 위해 돈을 도구화한다. 둘 다 감정이 돈을 이끄는 구조이며, 자산 설계의 주도권이 나에게 있지 않다는 신호다.

이 구조에서 벗어나기 위해서는 먼저 '나는 왜 이 지출에서 안도감을 느끼는가', '나는 왜 이 소비를 후회하면서도 반복하는가', '나는 왜

이 지출이 두려운가' 같은 질문을 던져야 한다. 이 질문이 감정의 뿌리를 흔들고, 돈에 대한 반응을 다시 설계할 수 있게 만든다. 감정의 주체가 되어야만, 돈의 흐름도 내가 원하는 방향으로 흘러가기 시작한다.

2.3 내가 반복하는 소비 패턴의 기원

사람마다 돈을 쓰는 방식은 다르다. 누군가는 큰돈을 쓰지 않으면서도 자주 소소하게 결제를 반복하고, 누군가는 충동적으로 한번에 큰 지출을 하고 후회한다. 누군가는 세일에 집착하고, 누군가는 값비싼 것에만 만족한다. 이러한 소비 패턴은 겉보기엔 단순한 습관 같지만, 그 뿌리는 훨씬 더 깊은 심리 구조에서 비롯된다. 우리는 돈을 쓸 때 '계산'보다 '감정'에 먼저 반응하며, 반복되는 소비에는 반드시 기원이 있다.

많은 경우, 소비 패턴은 과거의 보상 구조와 연결된다. 어린 시절 칭찬받거나 위안을 받았던 방식, 가족이 돈을 다루던 방식, 처음 스스로 돈을 써 본 기억 등은 모두 무의식 속에 자리 잡는다. 예컨대, 어린 시절 부모가 장난감을 사 주며 사랑을 표현했다면, 성인이 된 이후에도 스스로에게 물건을 선물함으로써 감정적 결핍을 채우는 소비를 반복할 수도 있다. 혹은 경제적으로 불안한 가정에서 자라 절약이 미덕이라는 교육을 강하게 받은 경우, 스스로를 지나치게 억제하거나 '나에게 쓰는 돈은 사치'라고 느끼는 패턴이 굳어질 수 있다.

또한, 사회적 비교는 반복 소비의 강력한 촉매제다. SNS 속 누군가의 여행, 명품, 외식 사진은 자신의 소비 수준에 대한 상대적 열등감을 자극하고, 따라가야 한다는 압박을 형성한다. 이때의 소비는 필요한 소비가 아니라, 뒤처지지 않기 위한 '동조적 소비'가 된다. 하지만 이 소비는 만족보다 허탈을 낳고, 반복될수록 자존감은 약화된다. 이런 패턴은 스스로의 재정 상황을 왜곡된 감정으로 판단하게 만들고, 장기적인 자산 형성을 방해한다.

가장 주의해야 할 것은 트리거(Trigger) 반응이다. 감정이 특정 상황에서 소비를 유도할 때, 소비는 행동 중독의 경로를 타게 된다. 스트레스를 받을 때 마시는 커피, 지루할 때마다 켜는 쇼핑 앱, 혼자 있을 때 자동으로 켜지는 배달 앱은 모두 감정의 틈을 소비가 파고든 예시다. 이 트리거는 시간이 지날수록 반사적으로 굳어지며, '패턴'이라는 이름으로 반복된다.

소비 패턴을 바꾸기 위해서는 단순히 지출을 줄이자는 결심으로는 부족하다. 우선, 자신의 소비가 어떤 감정과 연결되어 있는지 관찰해야 한다. 일기, 지출 기록, 감정 점검표 등을 통해 '이 소비는 어떤 기분에서 시작됐는가'를 추적하는 습관이 필요하다. 반복되는 소비일수록, 그 감정의 뿌리는 오래되고 깊다. 따라서 이 감정을 무시하면 소비는 바뀌지 않는다.

소비는 단지 돈을 쓰는 행위가 아니라, 나의 감정과 삶의 방식이 드러나는 창이다. 그것을 이해해야 비로소 '나에게 맞는 자산 전략'이 가능해진다. 소비를 분석한다는 것은 결국 나 자신을 이해하는 작업이며, 이는 투자보다 먼저 해야 할 가장 중요한 재무 활동 중 하나다.

2.4 감정 기반 소비의 인지 전략: 행동경제학의 적용 (심화학습)

감정이 소비를 지배한다는 사실은 이제 이론이 아니라 일상의 관찰이다. 우리가 카드를 꺼낼 때, 앱을 열고 결제 버튼을 누를 때, 머릿속에는 숫자보다 감정이 먼저 반응한다. 행동경제학은 이러한 비합리적 소비를 설명하기 위해 등장했다. 전통 경제학이 '인간은 이성적이다'라는 가정을 전제로 한다면, 행동경제학은 오히려 인간이 '감정적이며 예측 가능한 방식으로 비합리적'이라고 본다. 따라서 감정 기반 소비를 조절하기 위해서는 이론을 아는 것만이 아니라, 실천적 인지 전략이 필요하다.

먼저, '프레이밍 효과(framing effect)'는 소비의 인지 전략에 핵심적으로 작용한다.[38] 동일한 정보라도 표현 방식에 따라 소비자의 반

---

38) 프레이밍 효과(Framing Effect): 프레이밍 효과는 아모스 트버스키(Amos Tversky)와 대

응이 달라진다. "20% 할인"이라는 표현은 "80% 가격 유지"보다 훨씬 긍정적으로 받아들여진다. 이러한 인지 왜곡은 우리를 특정 소비로 유도하며, 감정적으로 '지금 사야 할 것 같은' 충동을 만든다. 이를 방지하기 위해선 소비 상황에서의 문구나 환경을 다시 해석하는 연습이 필요하다. 마케팅 문구를 '상대적 손익'이 아니라 '절대적 필요' 기준으로 바꿔 보는 것, 가격보다 사용 가능 일수나 활용 빈도를 먼저 따져 보는 방식이다.

둘째, '손실회피 성향(loss aversion)'은 소비가 중단되지 못하게 만드는 심리적 장벽이다.[39] 이미 가입한 정기구독 서비스, 이미 몇 회차를 본 스트리밍 플랫폼은 중도에 해지하기 어렵다. 우리는 그것을 해지하는 순간, 이미 지출한 돈이 '손실'처럼 느껴지기 때문이다. 이때의 전략은 '매몰비용(Sunk Cost)'이라는 개념을 인식하는 것이다.[40]

니얼 카너먼(Daniel Kahneman)이 제시한 개념으로, 동일한 사실이라도 표현 방식('프레임')에 따라 인간의 판단이 달라지는 현상을 의미한다. 이들은 실험을 통해 인간이 이성적 정보가 아닌, 감정적으로 해석된 '틀'에 따라 결정을 내린다는 점을 밝혀냈다(Tversky, A., & Kahneman, D. (1981). The framing of decisions and the psychology of choice. *Science*, 211(4481), 453-458].

39) 손실회피 성향(Loss Aversion): 손실에 대한 민감도가 이익에 대한 반응보다 더 크다는 심리학적 현상으로, 트버스키와 카너먼의 프로스펙트 이론의 핵심 개념이다. 사람들은 같은 크기의 이득보다 손실을 더 크게 인식하며, 손실을 회피하기 위해 비효율적인 선택도 정당화하려는 경향을 보인다(Kahneman, D., & Tversky, A. (1979). Prospect theory: An analysis of decision under risk. *Econometrica*, 47(2), 263-291].

40) 매몰비용 효과(Sunk Cost Fallacy): 이미 지출한 비용이 미래 결정에 비이성적으로 영향을 미치는 현상으로, 행동경제학자 리처드 탈러(Richard Thaler)가 대중화시켰다. 매몰비용은 회수할 수 없음에도 불구하고, 우리는 그 비용을 고려하여 추가 행동을 정당화한다(Thaler, R. H. (1985). Mental accounting and consumer choice. *Marketing Science*, 4(3), 199-214].

이미 지출한 비용은 되돌릴 수 없으며, 이후 판단은 오직 미래의 효용에 근거해야 한다는 인지 전환이 필요하다.

셋째, '현재 편향(Present Bias)'은 단기적 만족을 장기적 계획보다 우선하게 만드는 심리다.[41] 이는 특히 충동구매나 SNS 유행 소비에서 자주 드러난다. 지금 당장의 기쁨을 선택하게 만드는 현재 편향은 '즉시 보상'의 환상을 강화한다. 이 편향을 이겨 내기 위해서는 소비 결정에 짧은 시간 차단막을 두는 전략이 효과적이다. 이를테면 '24시간 대기 법칙'(하루 후에 다시 생각해 보기), 또는 '장바구니에 3일 두기' 같은 행동 지연 장치는 충동이 감정에서 이성으로 이동할 시간을 벌어 준다.

마지막으로, '자기 정체성과의 일치'는 소비를 지속시키는 중요한 정당화 메커니즘이다.[42] "나는 원래 이런 스타일이야", "나는 나에게 이 정도는 써도 돼"라는 말은 소비를 자신의 정체성과 결합시키는 방식이다. 이때의 인지 전략은 '정체성 중심 소비'가 아니라 '가치 중심 소비'로의 전환이다. '나는 어떤 삶을 살고 싶은가', '내가 중요하게

---

41) 현재 편향(Present Bias): 데이비드 라이베슨(David Laibson)이 제시한 이론으로, 인간이 미래보다 현재를 과도하게 중시하여 장기적 계획을 손상시키는 성향이다. 이는 '즉시 보상'이 '지연된 보상'보다 심리적으로 더 큰 가치를 갖게 만드는 심리적 구조를 설명한다(Laibson, D. (1997). Golden eggs and hyperbolic discounting. *The Quarterly Journal of Economics*, 112(2), 443-477).

42) 정체성 기반 소비(Identity-based Consumption): 정체성과 소비가 연결된다는 이론은 러셀 벨크(Russell Belk)의 'Extended Self' 개념을 통해 설명된다. 벨크는 소비를 통해 인간이 자기 정체성을 확장한다고 보았으며, 이 과정에서 물건은 단순한 소비재가 아니라 자기 존재의 일부가 된다(Belk, R. W. (1988). Possessions and the extended self. *Journal of Consumer Research*, 15(2), 139-168).

여기는 가치는 무엇인가'를 기준으로 소비를 점검하는 습관은, 감정 소비를 철학적 소비로 승화시킬 수 있다.

  행동경제학은 우리를 속이려는 것이 아니다. 오히려 감정의 구조를 이해하고, 나를 보호하기 위한 도구다. 중요한 것은 이 이론을 책 속에만 두지 않고, 매일의 소비 상황에 직접 적용하는 것이다. 감정 기반 소비를 인식하고 조절하는 것은, 자산 형성의 기술이자, 자기 인식의 훈련이기도 하다. 돈을 다룬다는 것은 곧 감정을 다루는 일이며, 그 출발점은 '나는 왜 이 소비를 반복하는가'를 묻는 것이다.

제3장

경제적 자유란 무엇인가
─ 돈 없이 자유로울 수 있는가

3.1 FIRE, 미니멀리즘, 자급자족: 이상과 현실

"돈이 없는데도 자유로울 수 있을까?" 이 질문은 단지 철학적 사유의 주제가 아니라, 오늘날 현실 경제를 살아가는 우리 모두의 과제이기도 하다. 사회는 끊임없이 '경제적 자유'를 말하지만, 그 개념은 점점 더 멀고 추상적인 것으로 느껴진다. 그래서 사람들은 다양한 방식으로 해답을 찾기 시작했다. 대표적인 것이 FIRE(Financial Independence, Retire Early), 미니멀리즘, 자급자족 같은 흐름이다.

FIRE는 자산을 일찍 축적하여 경제적 독립을 이루고 조기 은퇴를 달성하자는 전략이다. 일찍 은퇴해 자율적인 삶을 살고자 하는 욕망은 자연스럽지만, 이를 실현하기 위해선 월등한 절약률, 공격적 투자, 장기간의 전략적 인내가 요구된다. 특히 한국처럼 고정지출이 크고 사회안전망이 불안정한 구조에서는 FIRE가 현실화되기 더 어렵다. 결국, FIRE는 단지 '빨리 은퇴한다'는 구호가 아니라, 지출 구조를 재편하고 삶의 방식을 바꾸는 근본적인 결단에서 시작될 수밖에 없다.

다음으로 미니멀리즘은 소비를 줄이고 삶의 본질에 집중하자는 흐름이다. 자산이 많지 않더라도 "나는 더 이상 소유에 얽매이지 않는다"는 선언을 통해 자유를 추구하는 방식이다. 그러나 '적게 쓰는 삶'이 반드시 '스트레스 없는 삶'을 의미하지는 않는다. 사회적 비교와 자본주의의 구조는 미니멀리스트조차도 일정 수준의 불안을 경험하게 만든다. 이 방식이 성공하려면 단순히 소비를 줄이는 데서 멈추는 것이 아니라, 무엇을 소유하지 않기로 결정했는지에 대한 철학이 필요하다.

자급자족은 현대 자본주의에서 탈출하려는 시도다. 수입 없이도 스스로 식량을 재배하거나 노동을 교환하며 살아가는 방식은, 디지털 시대의 대안적 삶처럼 보인다. 하지만 도시 구조, 제도, 사회적 연결망 속에서 대부분의 사람은 완전한 자급자족을 실현할 수 없다. 따라서, 자급자족의 진짜 의미는 '경제시스템의 일부로 살되, 시스템에 예속되지 않는 삶'이다.

이처럼 FIRE든, 미니멀리즘이든, 자급자족이든, 그 자체가 해답이라기보다는 경제적 자유를 향한 '방향'을 보여 준다. 핵심은 부를 소유하는 것 자체가 아니라, 자기 삶의 선택지를 확보하는 힘, 즉 '자율성'이다. 그 자율성은 때로 소득보다 소비를 통해, 자산보다 의사결정권을 통해 더 강력하게 드러난다. '돈이 없어도 자유로울 수 있는가'라는 질문은, 결국 '나는 어떤 조건에서 나답게 살 수 있는가'라는 질문으로 이어진다.

3.2 돈이 없어도 자유로운 삶은 가능한가

"돈이 없어도 자유로울 수 있는가?"라는 질문은 겉보기엔 단순하지만, 삶의 본질에 대한 통찰을 요구한다. 자본주의 사회에서 '자유'란 종종 '소유'와 동의어로 간주된다. 더 많은 돈을 가진 사람일수록 더 많은 선택지를 갖고, 더 자유롭게 행동할 수 있기 때문이다. 그러나 진정한 자유는 단순히 물질의 양으로만 환산되지 않는다. 오히려 돈이 없는 상태에서 얼마나 나답게 살 수 있느냐가 자유의 실질을 가늠하는 기준이 되기도 한다.

돈의 많고 적음과 무관하게 자유를 느끼는 사람들은 몇 가지 공통적인 특징을 보인다. 첫째, 삶의 기준을 외부가 아닌 내부에서 찾는다. 그들은 타인의 기대나 사회적 성공의 기준에 덜 흔들린다. 둘째, 소비와 행복의 연관성을 재구성한다. 소유나 경험을 통해서만 기쁨을 느끼는 구조에서 벗어나, 창작, 봉사, 자연 속 시간, 관계의 질 같은 비금전적 요소를 삶의 중심에 둔다. 셋째, 불확실성에 대한 내성을 키운다. 경제적 불안이 없을 수는 없지만, 그것이 곧 삶의 전부는 아니라는 태도를 몸에 익힌다.

반면, 돈이 부족하다는 생각이 들 때 자유를 느끼기 어려운 이들은 보통 자기 삶의 통제권을 외부 조건에 의존하고 있는 경우가 많다. 예측 불가능한 미래, 지속되지 않는 소득, 사회적 낙인 등의 요소는 실제로 개인의 선택권을 제약한다. 예컨대, 돈이 없으면 교육, 의료, 주거 같은 기본 조건에서조차 제약이 생기고, 이는 곧 삶 전반의 불안으로 이어진다. 따라서 '돈 없이 자유롭게 산다'는 말은 그 자체로 쉽지 않은 일이며, 일정 수준의 안정성이 전제되지 않으면 오히려 무책임한 낭만이 될 수 있다.

핵심은 돈이 많고 적음이 아니라, 경제적 현실을 직시하면서도 삶의 주도권을 회복하려는 자세다. 자유로운 삶을 위해선, 자신의 '필요 최소 조건'을 명확히 정의할 수 있어야 한다. 이것은 단순한 절약이 아니라, 내가 중요하게 여기는 삶의 요소와 그렇지 않은 것을 구분하는 가치 선택의 과정이다. 이 과정을 통해 우리는 돈의 유무를 넘어서는 존재 기반의 자유에 다가갈 수 있다.

자유란 돈을 초월한 상태가 아니라, 돈이 삶을 규정하지 못하도록 만드는 의식의 힘이다. 따라서 돈 없이도 자유로울 수 있는가에 대한 대답은 '가능하다'가 아니라, '그 자유를 설계할 준비가 되어 있는가'라는 새로운 질문으로 되돌아온다.

3.3 '돈 걱정 없는 삶'의 자기 정의 찾기

많은 사람들이 꿈꾸는 삶의 조건 중 하나는 "돈 걱정 없는 삶"이다. 그러나 그 말은 생각보다 추상적이다. 누군가에게는 수십억 원의 자산이 있어야 안심되는 조건일 수 있고, 또 다른 이에게는 매달 필요한 만큼의 수입이 꾸준히 들어오는 것만으로도 충분하다. 따라서, 돈 걱정이 없는 삶이란 절대적인 자산 수준의 문제가 아니라, '내가 어떤 상태를 불안하지 않다고 느끼는가'에 대한 자기 인식의 문제다.

돈 걱정을 줄이려면 먼저 자신의 '경제적 불안'이 어디서 비롯되는지를 들여다보아야 한다. 그것은 단순히 돈이 부족해서가 아니라, 불확실한 미래에 대한 통제력 부족, 또는 과거의 실패에 대한 트라우마에서 비롯될 수 있다. 예컨대, 수입이 있어도 불안한 사람은 대개 지출 구조가 불투명하거나, 급격한 환경 변화에 대한 대응계획이 부족한 경우가 많다. 반면, 많은 돈을 벌지 않아도 불안하지 않은 사람들은 스스로 설정한 최소한의 안정선과 대응 방안을 명확히 알고 있다.

여기서 중요한 개념이 바로 '최소한의 경제적 안정선'이다. 이것은 고정지출, 비상금, 은퇴 후 필요 자금 등을 포함한 자신의 생활 조건과 목표를 기준으로 산출할 수 있다. 예를 들어, "나는 매달 250만 원만 들어오면 불안하지 않다", "비상금으로 1,000만 원만 있으면 예기치 못한 사고를 감당할 수 있다"는 식의 구체적인 수치를 스스로 정하는 것이 중요하다. 이는 단순히 자산을 늘리는 것보다도 더 빠르게 심리적 안정감을 준다.

또한 '돈 걱정 없는 삶'을 위해서는 소득 구조보다 감정 구조를 먼저 점검할 필요가 있다. 돈이 모자라서 불안한 것인지, 아니면 내가 원하는 만큼 소유하지 못해 상대적 박탈감을 느끼는 것인지를 구분해야 한다. 불안의 정체를 오해하면, 불필요한 소비나 무리한 투자로 이어질 수 있다. 돈 걱정을 없애는 과정은 곧 자기 기대치와 외부 기준 사이의 간극을 좁히는 심리적 조정의 과정이기도 하다.

따라서 '돈 걱정 없는 삶'이란 단지 수입이 많아지는 것이 아니라, 내가 어떤 조건에서 안정을 느끼고, 그것을 어떤 방식으로 구축할 수 있는지를 아는 상태다. 그것은 자산 총액의 문제가 아니라, 의식과 습관, 구조와 계획의 문제다. 진정한 경제적 자유는 '무한정 벌고 쓰는 삶'이 아니라, 돈에 대한 불안을 스스로 정의하고 제어할 수 있는 삶에서 비롯된다.

3.4 경제적 자유의 4단계 모델: 안정-선택-의미-해방 (심화학습)

많은 사람들이 막연하게 '경제적 자유'[43]를 꿈꾸지만, 그 개념은 실

---

43) 경제적 자유에 대한 현대적 정의는 Vicki Robin과 Joe Dominguez의 『Your Money or Your Life』(1992)에서 단순한 자산 축적을 넘어, 삶의 통제권과 가치 회복의 과정으로 체계화되었다. 이들은 수입과 소비의 관계를 재정의하고, 개인이 자신의 시간과 에너지

제로 매우 복합적이고 다층적이다. 단순히 '돈이 많아져서 아무 일도 하지 않아도 되는 상태'만을 말하는 것이 아니라, 삶의 조건, 선택의 폭, 정체성, 존재의 의미에 이르기까지 다양한 층위에서의 해방을 포함한다. 이를 보다 구조적으로 이해하기 위해 '경제적 자유의 4단계 모델'을 제시할 수 있다. 이 모델은 ① 안정 → ② 선택 → ③ 의미 → ④ 해방이라는 순차적 단계를 따라 구성된다.

① 1단계: 안정

안정(Stability)은 경제적 자유의 기초다.[44] 이는 생존과 관련된 기본적인 경제 조건이 충족된 상태다. 정기적인 소득, 일정 수준의 저축, 비상자금, 주거 안정성 등이 여기에 해당한다. 이 단계에서는 '돈 걱정 없는 삶'이 처음으로 실현 가능해진다. 중요한 것은 이 안정이

를 자율적으로 통제할 수 있는 상태를 '경제적 자유'의 본질로 설명하였다(Robin, V., & Dominguez, J. (1992). *Your Money or Your Life: Transforming Your Relationship with Money and Achieving Financial Independence*. Penguin Books). 이후 로버트 키요사키(Robert Kiyosaki)는 『Rich Dad Poor Dad』(1997)에서 '경제적 독립'과 '현금흐름 기반 자산(Passive Income)' 개념을 통해 이를 대중적으로 확산시키며, 경제적 자유를 구체적인 자산 설계와 투자 전략의 영역으로 확장했다(Kiyosaki, R. T. (1997). *Rich Dad Poor Dad: What the Rich Teach Their Kids About Money - That the Poor and Middle Class Do Not!*. Warner Books).

44) 경제적 안정은 엘리자베스 워렌(Elizabeth Warren)과 아멜리아 워렌 타기(Amelia Warren Tyagi)의 『The Two-Income Trap』에서 말하는 '파산하지 않는 재정 구조(a financial structure that avoids bankruptcy)'와 유사하다. 생존비용 충당과 긴급자금 마련이 핵심이며, 자립형 기초생활 안정 모델이 기초가 된다(Warren, E., & Tyagi, A. W. (2003). *The Two-Income Trap: Why Middle-Class Parents Are Going Broke*. Basic Books).

외부의 보장에 의존하지 않고, 스스로 구조화한 재정 계획에 기반할 때 비로소 지속성을 갖는다는 점이다.

② 2단계: 선택

선택(Choice)은 돈이 삶의 주도권을 제한하지 않는 상태다.[45] 생존을 넘어서, 내가 원하는 삶의 방식이나 일의 형태를 선택할 수 있는 여유가 생긴다. 예를 들어, 수입에 급급한 노동 대신 의미 있는 일에 시간과 에너지를 쓸 수 있는 조건이 갖춰지며, 이는 단순히 돈의 유무를 넘어 '시간의 주권'을 회복하는 과정이다. 이 시점에 많은 사람들은 처음으로 경제적 자유를 '체감'하기 시작한다.

③ 3단계: 의미

의미(Meaning)는 선택한 삶이 타인과 사회, 그리고 자신의 가치와 연결되는 시점이다.[46] '나는 왜 돈을 벌었는가?', '이 자유를 어디에

---

45) 선택권 회복의 개념은 칼 뉴포트(Cal Newport)의 '딥 워크(Deep Work)'나, Tim Ferriss 의 『The 4-Hour Workweek』에서 강조되듯, 시간과 에너지의 통제권이 돈보다 중요한 가치로 떠오르는 시점을 의미한다. 이는 소득보다 시간의 유연성이 핵심이다(Ferriss, T. (2007). *The 4-Hour Workweek: Escape 9-5, Live Anywhere, and Join the New Rich*. Crown Publishing; Newport, C. (2016). *Deep Work: Rules for Focused Success in a Distracted World*. Grand Central Publishing).

46) 이 단계는 경제적 자유가 존재론적 질문으로 전환되는 시기로, 빅터 프랭클(Viktor Frankl)의 『죽음의 수용소에서(Man's Search for Meaning)』가 제시하는 '의미의 욕구' 개

쓰고 싶은가?'와 같은 질문이 이 단계의 중심을 이룬다. 투자로 돈을 벌었지만 삶이 공허하게 느껴지는 경우, 이 단계에서 정체성의 재설정이 필요하다. 경제적 자유는 수치로만 존재하지 않으며, 그 속에 살아 있는 나의 가치와 목적이 함께 있어야 지속된다.

④ 4단계: 해방

해방(Liberation)은 더 이상 돈에 매이지 않는 상태다.[47] 이는 단순히 돈이 필요 없다는 뜻이 아니라, 돈이 삶의 우선순위에서 완전히 밀려난 단계다. 이 시점에서 개인은 '얼마 벌어야 한다', '어떻게 불려야 한다'는 압박에서 벗어나, 존재 자체로 충만한 상태를 경험할 수 있다. 일하지 않아도 소득이 발생하는 구조(배당 포트폴리오, FIRE 등)가 있다면 물리적 자유가 가능하고, 나아가 내면적으로도 "더 이상 증명하지 않아도 되는 상태"에 이르는 것이 해방의 본질이다.

이 네 단계는 경직된 목표가 아니라 유동적인 스펙트럼이다. 누군

념과 연결된다. 자유 그 자체가 목적이 아니라, 삶의 방향성 회복이 핵심이다(Frankl, V. E. (2006). *Man's search for meaning* (I. Lasch, Trans.). Beacon Press. (Original work published 1946)].

47) 해방은 FIRE(Financial Independence, Retire Early) 운동에서 말하는 '구조적 수동소득' 확보를 넘어, 더 이상 자기 존재를 돈으로 증명하지 않아도 되는 상태를 뜻한다. 이는 에리히 프롬(Erich Fromm)이 말한 '소유에서 존재로의 전환' 철학과도 맞닿는다(Fromm, E. (1976). *To have or to be?* Harper & Row].

가는 2단계에서 충분한 만족을 느낄 수 있고, 누군가는 3단계를 평생 탐구의 장으로 삼는다. 중요한 것은 각자가 자신의 경제적 자유를 어떻게 정의하느냐, 그리고 그 자유가 삶을 어떤 방향으로 이끄는가에 대한 성찰과 설계다. 이 모델은 돈을 버는 기술 이전에, 돈이 어떤 삶을 가능하게 하는가에 대한 사유의 틀로 기능한다.

제4장

투자하지 않으면 안 되는 시대
— 구조의 강제

4.1 인플레이션과 자산불균형의 시대

"가만히 있는 것도 손해인 시대다."

이 말은 비유가 아니다. 인플레이션이 만성화된 세계에서는, 돈을 모으는 것만으로는 오히려 자산이 줄어드는 결과를 낳는다. 예금 이자가 2%이고 물가 상승률이 4%라면, 실질 구매력은 매년 2%씩 줄어드는 셈이다. 수치상 자산은 증가했을지 몰라도, 그것으로 살 수 있는 것은 점점 줄어드는 것이다.

더 큰 문제는 이러한 인플레이션이 단지 '물가 상승'에 그치지 않고, 자산 불균형을 심화시키는 방식으로 작동한다는 점이다. 부동산, 주식, 채권, 금과 같은 실물 혹은 금융자산은 인플레이션을 방어하는 '자산의 방패'로 기능해 왔지만, 이 방패를 가질 수 있는 사람과 그렇지 못한 사람의 격차는 점점 벌어진다. 자산을 보유한 사람은 인플레이션 덕분에 더 부자가 되고, 없는 사람은 더 가난해지는 구조가 고착되는 것이다.

2020년대 이후 전 세계적으로 나타난 자산 급등 현상은 그 구조를 극명하게 보여 준다. 코로나19 이후의 유동성 공급은 단기적으로 경기를 부양했지만, 그 자금의 다수가 자산시장으로 흘러들면서 '자산 있는 자'의 수익률을 극대화시켰다. 동시에 실질임금은 정체되어, 일을 열심히 하는 사람일수록 상대적 박탈감을 느끼는 시대가 되었다.

이러한 상황에서 투자는 더 이상 선택의 영역이 아니다. 이는 '부자가 되기 위한 노력'이 아니라, 실질 구매력을 유지하고 미래를 대비하기 위한 최소한의 생존 전략이다. 단순히 물가를 따라잡기 위해서라도 우리는 자본시장과 다양한 투자상품 등에 대한 이해를 갖추고, 돈이 줄지 않도록 현명한 흐름에 편승해야 한다.

특히, 저금리와 고물가가 동시에 지속되는 '스태그플레이션형 환경'에서는 예금·현금 중심의 전략은 거의 무력하다. 그나마 자산 방어의 가능성이 있는 영역은 배당주, 물가연동채, 리츠, 실물자산을 기반으로 한 ETF 등의 구조화된 상품이다. 문제는 이러한 상품이 무엇인지조차 모른 채 저축만 반복하면, 의도와 달리 가계의 실질 자산이 마이너스로 전환될 수 있다는 점이다.

인플레이션은 어느 날 뉴스 속에 등장하는 게 아니라, 매달 내 카드 결제 금액과 장바구니에서 체감된다. 그래서 우리는 돈을 모으는 법보다 먼저, 돈이 사라지는 구조를 직면해야 하며, 그 구조를 이기기 위한 실천으로서 투자를 이해해야 한다. '아무것도 하지 않음'이 더 이상 보수적인 선택이 아닌 시대, 투자는 불가피한 생존의 기술이자 일상의 방패가 되었다.

4.2 국민연금과 4대 보험의 한계

많은 사람들이 '노후 대비'에 대해 이야기할 때, 가장 먼저 떠올리는 것은 국민연금이다. 그리고 여기에 건강보험, 고용보험, 산재보험을 합쳐 우리는 '4대 보험'이라는 공적 안전망을 떠올린다. 그러나 이 제도들이 원래부터 전 생애를 충분히 보장하기 위해 설계된 것은 아니었고, 현재와 같은 수명 구조나 저출산·저성장 시대에는 그 기능에 뚜렷한 한계가 있다.

국민연금은 기본적으로 현세대의 노동자가 납입한 돈으로 기존 세대의 연금을 지급하는 구조다. 이는 출산율이 높고, 고령 인구가 적을 때는 안정적으로 유지될 수 있었지만, 지금처럼 인구 구조가 역전된 상황에서는 지속 가능성에 대한 불안이 커질 수밖에 없다. 최근 국민연금 수령 시기 조정 등 다양한 논의가 진행되는 이유도 우리 사회의 구조적 변화에 기인한 것이라 볼 수 있다.

건강보험도 마찬가지다. 고령 인구의 증가와 의료비 상승은 보험 재정을 압박하고 있으며, 가입자들이 실제로 체감하는 보장률은 점점 낮아지고 있다. 과거에는 병원비의 대부분을 건강보험이 해결해 주었지만, 이제는 고액의 비급여 항목이나 만성질환, 장기 요양 등은 개인의 부담으로 돌아오는 일이 많다.

고용보험은 비정규직·프리랜서·자영업자 등의 고용 형태 변화에 충분히 대응하지 못하고 있으며, 산재보험 역시 특정 업종이나 노동 형태에 국한되는 경우가 많다. 결국, 4대 보험은 '기본적인 보호' 수준에 머무르고 있으며, 그것만으로는 중산층의 삶의 질을 유지하거나, 은퇴 이후 안정적인 생활을 보장하기 어렵다.

이런 맥락에서 우리는 공적 시스템에만 기대는 것을 넘어서야 한다. 4대 보험은 '기초적인 바닥'을 형성해 주는 장치일 뿐, 스스로의 생활 수준과 위험 구조에 맞는 개별 전략과 자산 방어 수단이 반드시 병행되어야 한다. 개인형 퇴직연금(IRP), 연금저축, ETF와 같은 사적 준비 수단은 선택이 아니라 구조적 보완책이다.

결국 "나는 국민연금이 있으니까 괜찮다"는 말은 앞으로는 더 이상 안전한 전제가 될 수 없다. 오히려 지금 같은 시기에는, 공적 제도가 지켜 주지 못하는 삶의 틈을 내가 직접 메워야 하는 시대이며, 그 과정의 핵심은 스스로의 자산 구조 설계와 투자 역량 확보에 있다.

4.3 소득이 아닌 자본이 격차를 만든다

"많이 벌어도 자산이 안 느는 이유는 뭘까?" 이 질문은 오늘날 직장인, 프리랜서, 자영업자를 막론하고 자주 들리는 자조 섞인 말이다. 매달 일정한 급여나 수입이 있어도 자산이 늘지 않는다는 사실은, 지금 시대의 격차는 '소득'이 아니라 '자본'에서 생기고 있음을 말해 준다.

과거 산업사회에서는 근로소득이 생계의 중심이었고, 성실히 일하면 중산층으로 진입할 수 있다는 믿음이 통했다. 하지만 오늘날 성장의 과실은 노동이 아니라 자본에 귀속되는 구조로 바뀌었다. 일해서 버는 돈보다, 자산을 보유한 사람이 투자 수익으로 버는 돈이 훨씬 크기 때문이다. 자본소득이 근로소득을 초월하는 구조, 바로 그것이 현대 자본주의의 비대칭적 특징이다.

세계적으로 널리 회자된 경제학자 토마 피케티(Thomas Piketty)의 저서인 『21세기 자본(Capital in the Twenty-First Century)』에서는, $r > g$, 즉 현대 자본주의 역사에서는 '자본수익률(r)'이 '경제성장률(g)'보다 높게 유지되어 왔다는 이론이 제시된다. 이 간단한 불균형은, 자산을 가진 사람은 앉아서 부유해지고, 가지지 못한 사람은 아무리 노력해도 따라잡기 어려운 현실을 이론적으로 보여 준다. 이 공식의 정합성에 대해서는 많은 논쟁과 비판도 있지만, 직관적으로는 상당한 설득력이 있다. '자산 보유 여부'가 부(富)의 향후 궤적을 결정하게 되는 가장 강력한 분기점이라는 점은 굳이 이론적으로 설명하지 않아도 우리가 일상적으로 느끼는 것이다.

특히 금융자산은 복리의 힘을 가진다. 이는 시간이 지날수록 자산 격차를 기하급수적으로 벌리는 구조로 작동한다. 1억 원을 연 7% 수익률로 굴리는 사람과, 같은 기간 0.1% 예금 이자만 받는 사람은 10년 후에는 따라잡기 힘든 격차를 보이게 된다. 이처럼 소득은 선형이지만, 자본은 기하급수적이다.

더 나아가 자산을 보유한 사람은 시장에서의 협상력, 정보 접근성, 기회의 질에서도 우위를 점한다. 부동산을 가진 사람은 대출이 쉽고, 금융 상품에 대한 제안도 먼저 받으며, 조세 회피 전략에도 능하다. 반면, 자산이 없는 사람은 단순 근로소득에 의존하며, 자본이 만들어 내는 기회에서 점점 멀어진다.

이제는 '월급을 많이 받는 것'만으로는 안전하지 않다. 소득은 지출로 사라지지만, 자본은 구조로 남는다. 격차를 줄이기 위해 필요한 것은 더 높은 연봉이 아니라, 자산을 구조화하고 운용하는 힘, 다시 말해 자본을 읽고 다루는 전략적 사고다. 이 사고가 없으면, 당신의 돈은 들어오자마자 자본의 논리에 따라 다른 사람의 자산이 되는 길로 흘러간다.

4.4 생존형 투자 구조: 방치와 설계 사이의 갈림길 (심화학습)

투자를 한다는 것은 단지 '수익을 추구하는 행위'가 아니다. 오늘날의 투자란, 사실상 당신의 자산을 방치할 것인가, 아니면 구조화할 것인가라는 생존의 질문에 대한 응답이다. 방치는 점점 더 위험한 길로 가는 것이고, 설계는 더 이상 부자들만의 특권이 아니다.

많은 사람들은 "나는 투자할 돈이 없어서 못 한다"고 말한다. 그러나 자산이 작기 때문에 방치해도 된다는 논리는 착각이다. 자산이 작을수록 구조화의 필요는 더 절박하다. 수천만 원, 수억 원의 자산을 가진 사람보다 수백만 원으로 시작하는 사람일수록 손실 회피와 비용 절감의 구조화 전략이 필수적이다. 설계 없는 투자는 구조 없는 건물과 같다. 단기적으론 버틸 수 있어도, 언젠가는 무너진다.

방치란 무엇인가? 바로 '아무것도 하지 않는 것', 혹은 '되는 대로 두는 것'이다. 대표적인 예로는 정기예금에만 넣어 두는 전략 없는 저축, 회사에서 자동 가입된 연금 상품을 확인도 하지 않는 무관심, ETF를 샀지만 리밸런싱 없이 방치된 포트폴리오 등이 있다. 이런 방치의 결과는 단지 수익률 저하가 아니다. 기회비용의 상실, 세금의 과잉 납부, 심리적 불안정성까지 낳는다.

반면, 설계된 구조란 무엇인가? 투자 목적, 자산 규모, 시간 여력, 감정 성향, 세금 고려 등 여러 변수에 따라 포트폴리오를 짜고 관리하는 행위다. 예를 들어, '안정성 위주의 연금 포트폴리오 + 성장성 위주의 ETF + 절세용 ISA'라는 3단계 구조는 소득 수준이 낮더라도 충분히 구현 가능한 생존형 설계다. 여기에 월 1회 점검 루틴과 연 2회 리밸런싱 전략이 더해지면, 비로소 '관리되는 자산'이 만들어진다.

이 갈림길은 결과의 격차를 만든다. 똑같이 100만 원을 투자한 두 사람이 5년 후 완전히 다른 재무 상태를 갖게 되는 이유는 '금액의 차이'가 아니라 '구조의 차이' 때문이다. 시간이 지날수록 구조는 복리처럼 작동하고, 방치는 침식처럼 작동한다.

결국, 오늘의 선택은 미래의 생존과 직결된다. 투자는 선택이 아니라 생존을 위한 구조 설계의 문제다. 방치된 돈은 당신의 편이 아니다. 구조화된 자산만이 미래의 불확실성 속에서도 당신을 보호하는 방패가 된다. 지금 이 순간부터라도, 구조의 언어로 자산을 설계하기 시작해야 한다.

제7부

실패에서 배우는 투자 전략 — 실수, 반복하지 않기

제1장

유튜브 따라 하다 손해 본 사람들
― 잘못된 정보의 함정

1.1 '전문가'의 말은 왜 나에게 맞지 않는가

"유튜브에서 좋다고 해서 샀는데 떨어졌어요."

이 말은 초보 투자자들 사이에서 흔히 들리는 탄식이다. 누군가는 전업 트레이더의 말을 따랐고, 누군가는 증권사 애널리스트의 분석을 신뢰했으며, 또 다른 누군가는 경제 유튜버의 추천 종목을 그대로 따라 했다. 그러나 결과는 대개 기대 이하였고, 때로는 큰 손실로 이어졌다.

문제는 그 정보가 틀렸기 때문이 아니다. 대부분 정보는 어느 정도의 사실을 바탕으로 한다. 다만 그 정보가 '나에게 맞지 않는 것'이었다는 점이 핵심이다. 투자 정보는 옷과 같다. 아무리 고급 수트를 가져다줘도 내 체형에 맞지 않으면 불편하거나 우스워 보일 뿐이다. 투자도 마찬가지다. 상대의 전략이 아무리 정교하고 논리적이어도, 자신의 자산 규모, 투자 목적, 리스크 감내도, 투자 경험과 감정 특성에 따라 전혀 다른 결과를 낳는다.

또 하나의 함정은 전문가의 포지션과 의도를 읽지 못하는 데 있다. 유튜버나 애널리스트는 콘텐츠를 통해 수익을 창출한다. 그들의 목적은 정확한 투자 시점을 알려 주는 것보다, 더 많은 클릭과 구독을 유도하는 데 있을 수 있다. 증권사 애널리스트 역시 '매수' 의견을 반복하는 구조적 한계가 있으며, 자산운용사의 펀드매니저들은 기관 포트폴리오 기준의 전략을 이야기하면서도 개인 투자자의 상황은 고려하지 않는다. 정보 자체는 틀리지 않았지만, 정보의 용도와 의도를 간과하면 잘못된 판단의 씨앗이 된다.

그렇다면 어떻게 해야 할까? 첫째, 정보 제공자의 신뢰성과 목적을 먼저 분석해야 한다. 그 사람이 개인인가, 기관인가? 직접 투자자인가, 판매자인가? 정보를 제공함으로써 어떤 이득을 보는 구조에 있는가? 둘째, 자신의 투자 목적과 시계, 리스크 감내 수준에 맞춰 정보를 재해석해야 한다. 이는 단순히 '듣고 따르는' 것이 아니라, '정보를 도구로 쓰는' 능력이다.

마지막으로, 가장 중요한 태도는 자기 경험과 학습을 통해 정보 해석력을 키우는 것이다. 경험이 쌓일수록, 과거에 했던 실수와 맥락을 바탕으로 '어떤 정보가 나에게 유효한가'를 판단할 수 있다. 결국 '전문가'는 바깥에 있는 사람이 아니라, 정보를 소화하고 해석할 수 있는 '자신'이 되어야 한다.

1.2 정보 과잉의 시대, 무엇을 믿어야 하나

지금 이 순간에도 수천 개의 투자 정보가 생성되고 있다. 뉴스, 리포트, 유튜브, 블로그, SNS까지 넘쳐 나는 정보의 홍수 속에서 우리는 '알아서 걸러야 하는 시대'를 살고 있다. 그러나 이 방대한 양의 정보는 투자자에게 '선택의 자유'가 아니라, 오히려 '판단의 부담'을 안긴다. 무엇이 진실이고, 무엇이 과장이며, 무엇이 나에게 의미 있는 정보인지조차 구별하기 어려운 현실이다.

정보 과잉의 가장 큰 문제는 '신호'와 '소음'을 구분하지 못하게 만든다는 데 있다. 즉, 중요하지 않은 정보가 너무 많아지면, 진짜 중요한 정보조차 눈에 띄지 않는다. 이른바 '주의력의 인플레이션'이 발생하는 것이다. 투자자가 피로해질수록, 간단하고 자극적인 콘텐츠에 의존하게 되며, 이는 다시 단기적이고 충동적인 판단으로 이어진다. 투자 실패의 주요 원인 중 하나가 바로 이 '정보 해석력의 마비'다.

그래서 투자자에게 필요한 것은 정보를 줄이는 것이 아니라, 정보를 분류하고 해석하는 기준을 세우는 것이다. 예컨대 정보를 세 가지로 나눠 보자. 첫째, 사실 정보: 데이터와 수치를 기반으로 하며 검증 가능한 것. 둘째, 의견 정보: 해석과 주장이 결합된 분석 자료. 셋째, 이해관계 정보: 특정 포지션이나 상품 판매와 직결된 추천 정보. 이 세 가지를 구분하여 소비하지 않으면, 우리는 '팩트'와 '선전'을 뒤섞은 위험한 혼합물을 그대로 흡수하게 된다.

또한, 정보의 타이밍과 출처도 중요하다. 예를 들어, 특정 ETF가 급등한 뒤에 올라온 유튜브 영상은 '결과 해설'이지 '의미 있는 예측'이 아닐 수 있다. 같은 내용이라도 언제, 누구의 입을 통해 전달되었는가에 따라 신뢰도는 천차만별이다. 정보는 '내용'뿐 아니라 '맥락'을 함께 봐야 한다.

정보 과잉의 시대에 믿어야 할 것은 '정보' 자체가 아니다. 스스로의 기준, 경험, 원칙이다. 판단 기준이 서 있으면 정보는 참고자료가 되지만, 기준이 없으면 정보는 판단을 왜곡하는 무기가 된다. 정보는 '무기'가 아니라 '지도'가 되어야 한다. 방향을 잃지 않기 위해 필요한 것은 더 많은 정보가 아니라, 더 나은 나 자신이다.

1.3 누구의 포지션인가를 읽는 눈

누군가의 말이 설득력 있게 들릴수록, 우리는 그 말의 '의도'보다는 '내용'에 집중하게 된다. 그러나 투자에서는 정반대다. 내용보다 앞서 따져야 할 것은 그 사람이 어떤 포지션을 가지고 있는가다. 말하는 이가 어떤 이익을 추구하고 있는지, 그의 위치와 이해관계는 무엇인지 먼저 파악하지 못하면, 우리는 본질적으로 객관성을 가장한 마케팅 메시지를 그대로 받아들이게 된다.

'이 종목 괜찮습니다', '이 펀드 추천드려요', '지금 들어가면 늦지 않습니다'라는 말은 겉보기엔 투자 조언이지만, 실제로는 자신의 보유 포지션을 유리하게 만들기 위한 설득일 가능성이 높다. 특히, 비공식 투자 커뮤니티나 유튜브 채널, 블로그에서 제시하는 정보는 시청자 또는 수강생을 특정 종목의 매매로 유도하기 위한 목적도 있을 수 있다는 점을 인식해야 한다. 본인이 직접 투자 중인 자산을 홍보하는 식의 정보 공유는 점점 더 교묘해지고 있다. 단순한 정보 제공자처럼 보이지만, 사실은 유료 강의 수강생을 유도하거나 특정 종목의 거래량을 의도적으로 부풀리는 구조다. 특히 개인 투자자들이 선호하는 고배당주, 리츠, 테마 ETF 분야에서는 '전략 공유'라는 말로 위장된 간접 마케팅이 빈번히 이루어진다.

증권사 애널리스트가 발표하는 종목 리포트를 보더라도 대개 '매수 의견' 위주이며, '매도 의견'은 매우 드물다. 그 이유는 간단하다. 증권사는 개인 투자자뿐 아니라 기업, 기관 투자자 등 다양한 이해관계자를 고객으로 보유하고 있기 때문에 특정 종목에 대해 매도의견을 내기가 쉽지 않은 측면도 있다. 그러나 증권사 애널리스트들은 금융감독원에 등록되어 해당 리포트에 대한 법적 책임을 져야 하고,

소속된 증권사를 대표하여 의견을 내는 측면도 있어서 적절한 선을 지키는 경우가 대부분이다. 그에 반해, 앞서 언급한 출처 불명의 투자 커뮤니티, 유튜버들은 규제가 쉽지 않고, 감독의 사각지대에 놓인 경우가 많다.

그래서 투자자에게 필요한 것은 정보 제공자의 포지션을 판별하는 눈이다. 이는 두 가지 방식으로 훈련할 수 있다. 첫째, 그의 수익 구조를 파악하라. 광고 수익이 주요한 유튜버인지, 자문업체에 소속되어 있는지, 아니면 특정 금융상품 판매와 연결되어 있는지 살펴보라. 둘째, 그가 말하는 정보가 자신의 투자와 얼마나 일치하는지 확인하라. 포트폴리오를 공개하는가? 실제로 투자하고 있는가? 아니면 그저 '이론가'에 불과한가?

투자에서 신뢰는 '명확한 이해관계' 위에 성립되어야 한다. 포지션을 숨긴 조언은 신뢰할 수 없다. 정보를 말하는 사람의 위치를 해석하는 능력, 그것이 곧 투자자에게는 생존 능력이다. 누구나 말은 할 수 있다. 하지만 말하는 이의 포지션을 읽는 자만이 그 말의 진짜 의미를 해석할 수 있다.

1.4 투자정보 필터링 모델: 신호와 소음 구분법 (심화학습)

현대의 투자자는 정보가 부족해서 실패하는 것이 아니라, '정보가 너무 많아서' 실패한다. 매일 쏟아지는 수천 개의 뉴스, 유튜브 영상, 블로그 글, 리포트 속에서 우리는 무엇을 믿고 따라야 할지 혼란에 빠진다. 이때 필요한 능력은 단 하나다. 신호(Signal)와 소음(Noise)을 구별하는 힘. 정보를 많이 아는 것이 중요한 것이 아니라, 유의미한 정보를 선별해 내는 판단 구조를 가졌는지가 핵심이다.

정보 필터링에는 크게 세 단계의 모델이 유용하다. 첫째, 출처 점검(Source Filtering)이다. 이 정보는 누구로부터 온 것인가? 이해관계가 얽혀 있는가? 무료인가 유료인가? 콘텐츠에 '후원', '협찬', '광고' 표시가 있는가? 출처를 보는 순간, 이 정보가 객관적일 수 있는지 아닌지를 직감할 수 있다.

둘째, 맥락 분석(Context Analysis)이 필요하다. 어떤 시점에서 이 정보가 나오게 되었는가? 예컨대 금리 인상 직후 나온 '채권 ETF 추천'은 금리 변동성과 시차를 감안할 때 타이밍상 적절한가? 누가, 언제, 어떤 배경에서 이 정보를 내놓았는지를 맥락과 연결해 보는 훈련이 중요하다.

셋째, 신호 추출(Decision Signalization) 단계에서는 이 정보가 내 투자에 어떤 영향을 줄 수 있는지를 판단한다. 이때 핵심 질문은 "이 정보가 실제 행동 변화로 이어질 만큼 구조적인 의미를 갖고 있는가?"이다. 주가의 단기 등락, 이슈성 뉴스, 개인 의견은 대개 '소음'이다. 반면, 거시경제 흐름, 기업의 본질적 펀더멘털, 정책 변화 등은 '신호'다. 하루짜리 정보는 소음일 확률이 높고, 구조적 흐름에 기반한 정보는 신호일 확률이 높다.

이러한 세 가지 기준을 표로 정리하면 다음과 같다.

투자정보 필터링 3단계 모델

구분	핵심 질문	신호의 특징	소음의 특징
출처 점검	누가 말했는가?	검증된 기관, 실명 발표	익명, 광고성 콘텐츠
맥락 분석	언제, 왜 말했는가?	흐름에 맞는 구조적 배경	단발성 이슈, 자극적 제목
신호 추출	어떻게 내 투자에 적용되는가?	전략 구조를 바꾸는 정보	감정만 자극하는 정보

이제 투자자는 정보의 양에 압도당하지 않아야 한다. 중요한 것은 '많은 정보'가 아니라 '신호를 구별하는 능력'이다. 정보 소비자가 아니라 정보 판단자여야 한다. 신호와 소음을 구분할 수 있을 때, 우리는 더 이상 남이 던져 주는 뉴스에 흔들리지 않고, 스스로 투자 흐름을 설계할 수 있다. 투자란 결국 정보를 해석하는 구조의 싸움이다.

제2장

감정이 투자 방향을 결정한 순간
— 심리와 타이밍의 충돌

2.1 손실회피, 확증편향, 후회 이론

대부분의 개인 투자자가 실패하는 이유는 정보 부족이 아니다. 오히려 '감정의 개입'이 의사결정을 왜곡시키기 때문이다. 투자라는 이성의 게임에서 감정은 늘 불청객처럼 끼어들며, 그중에서도 가장 흔한 세 가지 심리가 있다. 손실회피(Loss Aversion), 확증편향(Confirmation Bias), 후회 이론(Regret Theory)이다.

손실회피는 인간이 같은 금액의 이익보다 손실에서 느끼는 고통을 두 배 이상 크게 느낀다는 이론이다. 100만 원을 벌 때의 기쁨보다 100만 원을 잃었을 때의 고통이 더 크다. 이로 인해 우리는 손해를 본 주식을 팔지 못하고 '본전 될 때까지 기다리자'며 보유를 지속하거나, 수익이 났을 때는 '이 정도면 됐지' 하며 성급하게 매도한다. 손실은 방치되고, 수익은 조기 종료되는 왜곡된 구조가 반복된다.

확증편향은 자신의 기존 신념을 강화시켜 주는 정보만 받아들이고, 반대되는 정보는 무시하는 심리다. 예컨대, 어떤 종목에 호감을 가진 투자자가 해당 기업에 대한 긍정적인 뉴스만 찾아보게 되고, 부정적인 분석은 '편향적이다', '오히려 악재가 다 반영됐다'며 애써 무시하는 경우가 여기에 해당한다. 이러한 편향은 판단의 균형을 깨뜨리며, 객관적 분석이 아닌 '확신의 오류'로 인한 투자로 이어진다.

후회 이론은 투자 이후 '내가 왜 그때 그랬을까' 하는 감정이 행동을 지배하게 되는 심리다. 한 번의 실패 경험이 트라우마처럼 남아 이후 투자에서 과도한 방어적 전략을 선택하게 하거나, 반대로 그 손실을 만회하려는 복수심의 투자로 이어지기도 한다. 이는 손실보다 더 큰 기회를 놓치는 결과를 낳을 수 있다.

이러한 감정적 편향은 단순한 실수가 아니다. 인간의 본능에 가까운 심리적 반응이기 때문에, 이를 완전히 제거하는 것은 불가능하다. 대신 우리는 자신의 감정을 관찰하고, 투자 행동에 영향을 미치는 순간을 인식함으로써 이를 조절할 수 있다.

투자는 숫자의 세계 같지만, 그 안에는 사람의 심리와 감정의 지형이 숨겨져 있다. 성공하는 투자자란 결국, 시장을 읽는 눈만큼이나 자기 자신을 읽는 눈을 가진 사람이다.

2.2 "그때 팔았어야 했는데"의 반복 메커니즘

대부분의 개인 투자자는 수익을 실현하는 일보다 손절하는 일에서 훨씬 더 큰 스트레스를 경험한다. 문제는 이 감정이 단 한 번의 선택에 머무르지 않고, 패턴처럼 반복된다는 데 있다. 사람들은 흔히 말한다. "그때 팔았어야 했는데." 그런데 그 '그때'는 대체 언제였을까?

이 말 속에는 두 가지 중요한 심리적 메커니즘이 숨어 있다. 첫째는 후행적 판단 오류(Hindsight Bias)다. 주가가 하락한 뒤에는 누구나 "거기서 팔았어야 했다"고 말할 수 있다. 그러나 실제 그 시점에서는 미래의 주가를 예측할 수 없으며, 오히려 상승 흐름이 이어질 것이라고 확신했거나, 더 이상 하락하지는 않을 것이라고 생각했을 것이다. 후행적 판단은 과거의 결정을 지나치게 단순화하고, 자신의 잘못을 교정 가능한 것으로 착각하게 만든다. 그러나 이는 합리적 투자 판단이 아니라 감정적 후회에 불과하다.

둘째는 시간과 감정의 결합으로 인한 기억 왜곡이다. 투자 당시의 고민, 정보, 망설임은 대부분 잊히고, 손실 이후의 고통만 선명하게 남는다. 이로 인해 사람들은 다음 투자에서도 '이전에 겪은 감정'이 다시 떠오르면 동일한 회피 반응을 보인다. 즉, 감정적 경험이 의사결정의 전거가 되어 버리는 것이다.

이러한 반복은 투자 루틴을 무너뜨리고, 전략을 감정에 종속시키며, 결과적으로는 시장이 아닌 자신의 감정 곡선에 따라 매매를 하게 만든다. 단기적으로는 위안을 줄 수 있어도, 장기적으로는 손실을 키우는 악순환이다.

그렇다면 이 메커니즘에서 벗어나는 방법은 무엇일까? 핵심은 의사결정 기준을 감정이 아닌 시스템에 위임하는 것이다. 목표 수익률, 손절 기준, 리밸런싱 주기 등을 미리 정해 두고, 시장 상황에 따라 '즉흥적으로' 매도하지 않도록 훈련해야 한다. 이른바 '자동화된 결단 시스템'이 필요하다.

"그때 팔았어야 했는데"라는 후회는 투자 실패를 반성하는 말처럼 들리지만, 실제로는 감정 패턴을 반복하는 자기합리화일 수 있다. 진짜 투자는 후회 없는 결과가 아니라, 후회를 감내할 수 있는 구조를 설계하는 일이다.

2.3 시장이 아니라 감정이 먼저 움직일 때

시장보다 먼저 흔들리는 것은 대개 숫자가 아니라 사람의 감정이다. 가격이 오르기 전부터 조급함이 고개를 들고, 하락장이 오기 전부터 불안이 심장을 움켜쥔다. 많은 투자자들은 시장의 움직임을 읽는다고 생각하지만, 실제로는 자신의 감정에 먼저 반응하고 그 감정을 뒷받침할 근거를 시장에서 끌어모은다. 이 과정에서 이성은 논리를 만들고, 감정은 방향을 결정한다.

예를 들어, 주가가 조정을 보일 조짐이 나타나기만 해도 '이번엔 다르다'는 불안이 앞선다. 뉴스를 뒤적이고, 전문가의 유튜브를 검색하며, 기존 투자 전략을 흔드는 정보를 더 열심히 찾게 된다. 그러나 그 모든 움직임은 사실 이미 작동하고 있는 감정의 반영이다. 감정이 먼저 결정하고, 정보는 나중에 정당화하는 방식이다.

이러한 반응은 시장의 리스크보다 감정의 리스크가 더 클 수 있음을 보여 준다. 특히 초보 투자자일수록 감정의 움직임이 빠르고 강하다. 이는 '확증편향'과 '손실회피 심리'가 함께 작동하기 때문이다. 자신이 내린 판단을 정당화할 만한 정보만 수집하고, 손실 가능성은 실제보다 훨씬 더 크게 느껴진다. 결국, 시장보다 빠르게 스스로 무너지고, 비이성적인 매도나 매수를 반복하게 된다.

이를 방지하기 위해선 투자에 앞서 자신의 감정 반응 패턴을 먼저 이해해야 한다. 주가 하락 시 나는 무엇을 가장 먼저 확인하는가? 어떤 뉴스에 가장 민감하게 반응하는가? 나는 불안할 때 매도하는가, 아니면 무시하는가? 이런 자문은 투자 전략보다 먼저 점검되어야 할 '자기 감정 포트폴리오'다.

시장은 숫자의 흐름이지만, 그 숫자를 해석하고 반응하는 것은 감정이다. 좋은 투자는 정보를 잘 아는 것보다 감정을 먼저 다룰 줄 아는 능력에서 시작된다. 감정이 시장보다 먼저 움직일 때, 전략은 의외로 감정보다 한참 뒤처져 있는 경우가 많다는 것을 잊지 말자.

2.4 투자 심리 4대 왜곡 구조의 분석 (심화학습)

투자자의 판단을 왜곡시키는 심리적 요소는 단편적인 감정이 아니라, 구조적으로 얽혀 있는 인지적 프레임이다. 손실회피, 확증편향, 후회이론, 그리고 군중심리는 각기 다른 방향에서 투자 결정을 흐리게 만들지만, 실제 투자현장에서는 서로 교차하거나 강화되는 방식으로 작용한다. 이 네 가지는 단일 오류가 아니라 반복되는 행동 패턴의 기반이 된다.

손실회피는 앞에서 설명했던 대니얼 카너먼과 아모스 트버스키가 제시한 전망이론(Prospect Theory)에서 비롯된 핵심 개념이다.[48] 사람들은 동일한 크기의 손실이 이익보다 심리적으로 더 큰 고통을 유발한다고 인식한다. 이로 인해 수익이 날 때는 빠르게 매도하고, 손실이 발생하면 손절하지 못하고 오히려 버티거나 추가 매수를 선택한다. 이때 후회의 감정이 개입하면서, 손실을 인정하는 행위를 미루게 만든다.

확증편향은 인간이 이미 가진 신념이나 기대에 부합하는 정보만을 받아들이고, 그에 반하는 정보는 무시하거나 과소평가하는 경향을 뜻한다. 투자자는 종종 본인의 포지션을 정당화하는 뉴스만을 찾아보고, 반대 근거는 '시장 잡음'으로 치부한다. 이 편향은 손실을 인정하지 않는 심리와도 연결되어, 손실회피를 더욱 강하게 만든다.

---

48) Kahneman, D., & Tversky, A. (1979). Prospect theory: An analysis of decision under risk. *Econometrica*, 47(2), 263-291.

후회이론은 투자 결정 이후 발생하는 감정적 반응을 설명한다.[49] "그때 팔았어야 했는데", "왜 저 주식을 사지 않았을까" 하는 후회는 투자자의 다음 결정을 더 보수적으로, 혹은 더 공격적으로 만든다. 이 감정은 반복적인 투자 실패를 낳는 주요 요인이며, 확증편향과 함께 결합되면 사고의 유연성을 현저히 떨어뜨린다.

마지막으로 군중심리는 '다수가 하는 선택'이 정답이라는 착각에서 출발한다. 시장에서의 '묻지마 투자'나 특정 종목으로의 과잉 집중은 단순한 추종심리가 아니라, 불확실성을 회피하고자 하는 본능적 반응이다. 손실회피가 강할수록 군중과 다른 선택을 하는 것이 두려워지고, 후회의 가능성이 커질수록 대세를 따르는 쪽이 심리적으로 편해진다.

이 네 가지 심리 왜곡은 각각 독립적으로 존재하지 않는다. 특정 상황에서는 하나의 편향이 다른 편향을 유발하거나 강화한다. 예컨대, 손실 상황에서 후회가 발생하고, 그 후회가 확증편향을 불러오며, 그 결과 군중심리에 따른 추종 행동이 반복되는 것이다. 투자자는 이 구조적 심리 틀을 인식해야만, 단순한 감정 통제를 넘어선 전략적 판단이 가능해진다. 심화학습은 이러한 내면의 메커니즘을 언어화하고, 구조적으로 인지하는 과정이다. 그래야만 같은 감정의 흐름이 다음번에도 동일하게 반복되는 것을 피할 수 있다.

---

49) Loomes, G., & Sugden, R. (1982). Regret theory: An alternative theory of rational choice under uncertainty. *The Economic Journal*, 92(368), 805-824.

제3장

돈은 벌었지만 지키지 못했다
— 출구전략 없는 투자

3.1 익절과 손절의 심리

 돈을 버는 것만큼이나 중요한 것은 언제, 어떻게 마무리할지를 결정하는 능력이다. 그러나 많은 투자자들은 익절(이익 실현)과 손절(손실 제한)을 감정적으로 다룬다. 이익이 나면 더 오를 것 같아 팔지 못하고, 손실이 나면 언젠가 오를 것 같아 매도를 미룬다. 이 감정은 단순한 욕심이나 두려움이 아니라, 인간 심리에 내재된 손실회피 성향과 후회회피 전략에서 비롯된다.

 익절하지 못하는 이유는 대개 '더 오를 수 있다'는 기대 때문이다. 이 기대는 수익을 극대화하려는 합리적 판단처럼 보이지만, 실제로는

"팔았는데 더 오르면 어쩌지?"라는 후회의 감정을 회피하려는 심리와 연결되어 있다. 즉, 손에 든 이익을 확정 짓는 것이 아니라, 더 큰 이익을 놓쳤을 때의 감정적 부담을 피하려는 무의식적 선택인 것이다.

반대로 손절하지 못하는 이유는 손실을 현실로 인정하는 고통을 피하려는 데 있다. 이는 '내가 틀렸다'는 판단을 내리기 어려워하는 심리에서 비롯된다. 시장은 언젠가 회복될 것이라는 희망, 뉴스나 루머에서 근거를 찾는 자기 확신, 그리고 손실을 메우기 위한 '평균단가 낮추기'의 전략이 이러한 심리를 강화시킨다. 그러나 손실은 외면한다고 사라지지 않는다. 오히려 방치된 손실은 더 큰 손실로 전이되기 쉽다.

익절과 손절은 단순한 매매 행위가 아니라, 투자자의 감정과 사고의 프레임을 드러내는 거울이다. 이 두 선택을 언제 어떻게 내리는지를 분석해 보면, 그 사람의 투자 성향, 리스크 인식 수준, 자기합리화의 정도가 모두 드러난다. 출구전략이 없는 투자란, 목표 없는 항해와 같다. '얼마를 벌면 판다', '어디까지 떨어지면 정리한다'는 사전의 원칙이 없다면, 투자자는 시장이 아니라 자신의 감정에 따라 움직이게 된다.

감정은 나쁘지 않다. 그러나 감정이 전략을 지배할 때, 투자는 흔들린다. 익절과 손절의 기준은 감정이 아니라, 사전에 설정된 논리와 구조에 기반해야 한다. 그것이 감정의 파도 속에서도 방향을 잃지 않는 방법이다.

3.2 세금, 환율, 수수료의 '잠식 구조'

투자 수익률을 계산할 때 많은 사람들이 '내가 얼마나 벌었는가'에만 집중한다. 그러나 실제로 손에 쥐는 수익은 표면 수익률이 아니라 실질 수익률이다. 그리고 이 실질 수익률은 생각보다 다양한 '보이지 않는 비용'에 의해 지속적으로 잠식당하고 있다. 그 대표적인 세 가지가 세금, 환율, 수수료다.

먼저, 세금은 모든 투자 수익의 그림자다. 국내 주식에서는 매각차익에 과세하지 않지만, 배당소득은 배당소득세가 부과된다. 반면 해외 주식이나 ETF에서는 매도차익에 대해 양도소득세가 발생하며, 배당에도 원천징수가 적용된다. 특히 복수의 금융상품에 분산 투자할수록, 세금 계산은 복잡해지고, 예상치 못한 세금폭탄으로 이어질 수 있다. 절세를 고려하지 않고 투자하면 수익의 상당 부분이 사라진다.

환율은 해외 투자자의 숙명이다. 해외 주식을 매수할 때 환전 수수료가 발생하고, 매도 후 원화로 환전하는 과정에서도 손실이 생길 수 있다. 더 심각한 것은 환율 변동 자체가 수익률을 왜곡시킨다는 점이다. 달러 기준으로는 수익이 났더라도, 환율 하락으로 인해 원화 수익률이 오히려 마이너스가 되는 경우도 있다. 수익률을 볼 때 '달러 수익률'만 보고 판단하는 것은 실수다.

마지막으로 수수료는 조용히 이익을 갉아먹는 구조다. ETF를 고를 때 가장 먼저 확인해야 하는 것이 운용보수(총보수)이며, 특히 테마형 ETF나 해외 ETF는 수수료가 상대적으로 높다. 여기에 증권사 매매수수료와 환전 수수료까지 포함되면, 연간 1~2% 수준의 '비용 누수'가 생긴다. 적립식 투자처럼 장기적으로 접근할수록 이 누수는 복리로 누적된다.

이러한 세금·환율·수수료의 삼중 잠식 구조를 인식하지 못하면, 표면적인 수익률만을 맹신하고 실질 성과에 실망하게 된다. 수익은 숫자로 남지만, 현실의 통장은 늘 부족하게 느껴진다. 성공적인 투자는 고수익을 추구하는 것이 아니라, 불필요한 손실을 최소화하는 데서 출발한다.

3.3 리밸런싱 없는 투자 = 누수 구조

자본시장에서의 리밸런싱(Rebalancing)이란 보유 또는 운용하고 있는 자산의 편입 비중을 다시 조정하는 것을 의미한다. 많은 투자자들이 처음 자산을 구성한 뒤 그대로 방치한다. 목표를 세우고 ETF, 주식, 펀드를 분산해 포트폴리오를 짜 놓았다고 해서, 그 자체로 완성된 전략은 아니다. 시장은 항상 움직이고, 자산군 간 수익률은 시시각각 달라진다. 그런데도 손을 대지 않고 두면, 어느새 포트폴리오는 본래의 구조와 전혀 다른 모습으로 변형된다. 이처럼 리밸런싱이 없는 투자는 결국 '누수 구조'에 가깝다.

예를 들어, 주식과 채권을 6:4 비율로 배분한 포트폴리오를 만들었다고 해 보자. 만약 1년 후 주식이 크게 올라 전체 포트폴리오의 80%를 차지하게 되었다면, 이는 처음 계획과 전혀 다른 '편향된 포트폴리오'가 된 셈이다. 이때 조정을 하지 않으면, 향후 하락장에서 포트폴리오 전체가 타격을 입을 수 있다. 반대로 채권 비중이 과도하게 높아지면 기회비용의 손실로 이어진다.

또한, 리밸런싱은 심리적 균형을 유지하는 기능도 한다. 자산이 크게 오른 상태에서는 매도 결정을 망설이게 되고, 하락한 자산은 더 떨어질까 봐 방치한다. 그러나 정기적인 리밸런싱은 이익을 실현하고 저평가된 자산을 편입하는 구조적 자동화 장치다. 감정이 아닌 원칙에 따라 자산을 조정하는 습관이야말로 장기 투자의 핵심 중 하나다.

한편, 리밸런싱의 주기를 과도하게 짧게 설정하면 수수료와 세금 측면에서 오히려 손해를 볼 수 있다. 반대로 너무 늦거나 무작정 '방치' 상태로 둔다면 그만큼 포트폴리오의 누수는 커지고, 투자자가 원했던 방향과는 멀어지게 된다.

리밸런싱은 자산을 되돌리는 것이 아니라, 투자자의 전략을 지키는 행위, 즉 초심을 지키는 방법 중 하나라고 할 수 있다. 투자에는 항상 외부 충격과 내부 흔들림이 따르기 마련인데, 그때마다 중심을 잡는 구조가 없다면 어느새 '나는 투자하고 있다'는 착각 속에서 원금은 줄고 리스크는 커진다. 전략은 반복적이어야 하며, 리밸런싱은 그 전략을 유지시키는 최소한의 루틴이다.

3.4 출구전략 설계 프레임: 계획-조건-타이밍 (심화학습)

많은 투자자들이 "언제 사야 할까?"는 반복해서 고민하지만, "언제 팔아야 할까?"는 충분히 계획하지 않는다. 그러나 투자 성과의 상당 부분은 '진입'이 아니라 '출구'에서 결정된다. 수익 실현, 손절, 자산 재배분, 세금 회피, 생애 이벤트 대응 등 다양한 이유로 자산을 팔아야 할 순간은 반드시 온다. 이때 기준이 없다면 감정이 기준이 되고, 감정은 대부분 손실을 키우는 방향으로 작동한다.

출구전략은 세 단계로 구조화할 수 있다. 첫째는 계획(Plan)이다. 이는 매수 시점에서부터 설정되어야 한다. 목표 수익률은 어느 정도인지, 얼마나 보유할 것인지, 어떤 경우에 매도할지를 미리 정해 놓아야 한다. 예컨대 "20% 수익 시 분할 매도", "3개월간 기준 가격을 밑돌 때 손절" 같은 구체적인 조건이 없다면, 시장의 흔들림에 따라 전략도 쉽게 흔들린다. 계획 없는 진입은 퇴로 없는 전쟁과 같다.

둘째는 조건(Trigger)이다. 어떤 상황이 발생했을 때 출구전략이 자동으로 작동하는 구조를 설계해야 한다. 여기에는 시장 지표, 기업의 실적 변화, 금리 변동, 정책 이슈, 개인의 자금 사정 등 다양한 요소가 포함된다. 조건은 한두 개의 단일 변수보다, 두세 개의 조건이 함께 충족될 때 실행되는 '복합 조건 설계'가 더 효과적이다. 예를 들어 "해당 ETF가 10% 이상 상승 + 금리가 기준치 도달 + 목표 자산 총액 도달" 등의 다중 조건을 걸면 감정 개입 없이 매도 결정을 내릴 수 있다.

셋째는 타이밍(Timing)이다. 매도 시점은 단순히 '가격이 올랐을 때'가 아니라, 나의 자산 전략과 맞물리는 시점이어야 한다. 예를 들어, 연말에는 양도차익 과세 이슈가 발생할 수 있으므로 분할 매도를 고려하거나, 배당 기준일 이후 전략적으로 매도하는 식의 시간 조율이 필요하다. 단순히 시장 예측이 아닌, 세금과 구조적 리밸런싱까지 고려한 타이밍 전략이 성과를 좌우한다.

출구전략은 단순히 "팔까 말까"의 문제가 아니라, 투자의 시작부터 내 삶 전체의 재정 흐름까지 관통하는 종합적 설계 문제다. 투자란 돈을 모으는 것이 아니라, 구조를 지켜 내는 일이기도 하다. 계획 없는 진입보다 위험한 것은 기준 없는 퇴출이다. 그리고 출구 없는 투자는 늘 후회와 반복의 늪으로 투자자를 이끈다.

제4장

투자를 했지만 삶은 나아지지 않았다
― 방향 없는 설계

4.1 숫자는 늘었지만 삶은 그대로다: 투자 성과의 체감 부재

투자를 시작한 지 꽤 시간이 지났다. 계좌에 찍힌 수익률은 나쁘지 않다. ETF는 수익권에 들어섰고, 연금계좌도 성실히 쌓여왔다. 퇴직연금과 적립식 펀드 역시 소폭이나마 우상향을 그리고 있다. 숫자만 보면 분명 성과가 있는 투자다. 하지만 이상하게도 삶은 달라지지 않았다. 월급날이 다가오면 여전히 예산을 다시 짜야 하고, 외식 한 번에도 눈치를 본다. 자산은 늘었지만 체감되는 여유는 늘지 않았다. 더 벌게 되었지만 동시에 더 많이 쓰게 되었고, 결국 계좌의 숫자와 실제 삶의 감각은 따로 논다.

왜 이런 일이 벌어지는 걸까?

그 이유는 생각보다 단순하다. 수익은 났지만, 그 수익이 '삶의 구조'에 스며들지 않았기 때문이다. 돈은 벌었지만, 돈이 쓰이는 방식이 예전과 다르지 않다면 삶은 그대로일 수밖에 없다. 예를 들어, 매달 배당금이 들어오더라도 그 돈이 자연스럽게 생활비로 연결되지 않으면 삶에 아무런 변화를 만들지 못한다. 수익이 늘어났다고 해서 소비 구조, 감정 구조, 시간 구조까지 자동으로 바뀌는 것은 아니다. 오히려 숫자가 많아질수록 관리해야 할 것이 늘고, 신경 써야 할 판단도 복잡해지며, 심리적 피로는 더욱 커진다. 더 많이 벌수록 더 피곤해지는 역설이 생긴다.

대부분의 사람들은 자산을 구조화하지 않은 채 투자한다. 월급은 월급대로, 투자 수익은 수익대로 따로 흘러간다. 이처럼 재무 흐름이 통합되지 않으면, 자산과 소득은 나란히 병존할 뿐 서로 영향을 주지 못한다. 결과적으로 소득은 여전히 빠듯한데, 계좌의 자산은 늘어난다. 삶은 곽곽한데 숫자는 플러스다. 이 불일치는 투자라는 행위가 삶과 단절된 채 별도로 움직이고 있기 때문에 생긴다.

투자는 단지 숫자를 키우는 활동이 아니다. 그것은 결국 내 삶의 구조를 바꾸기 위한 수단이다. 예를 들어 매달 20만 원의 배당이 들어온다면, 그 돈이 어떤 지출 항목을 줄이고 어떤 일상의 여유로 이어질지까지 설계되어야 한다. 그럴 때 비로소 투자 수익이 삶의 질로 연결된다. 그렇지 않으면 수익은 쌓이는데 체감은 없고, 삶은 더 무겁고 복잡해질 뿐이다.

4.2 왜 연결되지 않는가: 단절된 투자 구조의 문제

사람들은 투자를 시작하면 먼저 수익률에 주목한다. 어떤 ETF가 좋을지, 언제 팔아야 할지, 세금은 얼마나 나올지에만 집중한다. 그러나 정작 중요한 질문은 빠진다. "이 수익은 내 삶의 어떤 부분을 위해 존재하는가?" 우리는 투자 수익이 자동적으로 삶을 바꿔 줄 것이라 기대하지만, 그 변화는 '수익이 삶에 통합되는 구조'를 만들었을 때에만 가능하다.

많은 투자자들이 범하는 실수는 바로 '단절된 구조'다. 월급은 그대로 소비하고, 투자 수익은 따로 쌓아 둔다. 이렇게 되면 자산은 늘어도, 그 자산이 삶에 아무런 영향을 주지 못한다. 예를 들어, 연 5% 수익이 났다고 해도 그 수익이 고정비 지출을 줄이거나, 소비 여력을 바꾸지 않는다면, 삶은 이전과 같다. 자산은 그저 숫자로만 남는다.

이런 구조적 단절은 감정의 불안도 낳는다. 언제 팔아야 할지, 수익을 생활비로 써도 되는지, 다시 투자해도 괜찮은지 혼란이 지속된다. 투자로 자유를 얻으려 했지만, 오히려 투자 자체가 스트레스가 되는 구조다. 이는 투자가 삶과 병렬로 존재할 때 흔히 발생하는 문제다.

이를 해결하려면 투자 구조를 삶에 맞게 재설계해야 한다. 수익은 곧장 생활비의 일부로 편입될 수도 있고, 미래의 특정 목표를 위한 자금으로 분리해 둘 수도 있다. 중요한 건 수익과 소비의 통로를 만들고, 자산이 실생활에 의미 있게 연결되도록 구조화하는 것이다. 이 통로가 없다면 수익률이 아무리 높아도 삶은 제자리다.

투자를 통해 삶을 바꾸고 싶다면, 질문을 바꿔야 한다. "얼마나 벌었는가?"가 아니라 "그 수익이 어떤 구조를 바꾸었는가?"라는 질문이 먼저다. 자산은 흘러야 한다. 그리고 그 흐름은 반드시 삶 속으로 이어져야 한다.

4.3 '삶을 바꾸는 투자' 모델: 목표 기반 전략 구조화

많은 사람들은 투자를 시작할 때 "얼마나 벌 수 있을까"를 먼저 계산한다. 그러나 정말 중요한 질문은 사실 이거다. "나는 왜 벌고 싶은 걸까?" 수익률이 높다는 이유로 투자했지만, 막상 그 수익이 내 삶을 어떻게 바꿔 줄지는 생각하지 않는다. 숫자는 늘어나도, 내 일상은 그대로일 수밖에 없는 이유다. 수익이 삶의 구조에 닿지 않으면, 그 수익은 단지 계좌 속 데이터일 뿐이다.

이때 필요한 것이 바로 '목표 기반 투자 전략(Goal-Based Investing)'[50]이다. 이 전략은 단순히 수익을 극대화하는 데 집중하지 않고, 삶의 특정 목표를 기준으로 자산을 구조화한다. 쉽게 말해, '얼마나 버느냐'보다 '어디에 쓰기 위해 버느냐'에 따라 투자의 방향을 결정하는 것이다. 예를 들어 3년 후의 전세 자금, 5년 후의 유학비, 매달 나가는 외식비용처럼 구체적인 삶의 단위를 중심에 놓는다.

목표 기반 투자에서는 자산이 기능별로 분리된다. 지금 당장의 생계비에 해당하는 돈은 원금 손실이 거의 없는 예금이나 단기 채권에, 10년 이상 장기 성장을 기대하는 자금은 글로벌 ETF에, 중간 단계의 목표는 리츠나 배당 펀드로 구성된다. 이런 식으로 자산을 삶의 흐름 단위로 나누면, 수익률이라는 숫자 대신 '생활의 성과'라는 결과로 해석할 수 있다. 배당으로 들어온 20만 원이 매달 외식비를 대신하고, ETF 수익이 아이 학원비로 이어질 때, 투자라는 단어는 비로소 현실의 감각을 갖는다.

무엇보다 이 구조는 투자자의 감정까지 지켜 준다. 사람들은 흔히 "모든 걸 잃을까 봐"라는 불안감 속에서 조바심을 낸다. 하지만 자산

---

[50] 앞에서도 소개된 이 전략은 전통적인 투자 이론(예: 효율적 투자선)과 달리, 투자자의 삶의 목적별로 자산을 분리하여 관리한다는 점에서 행동경제학 및 자산관리 실무에서 널리 연구되어 왔다. 특히 Jean L. Brunel이나 Ashvin B. Chhabra 등의 연구가 대표적이다(Brunel, J. L. (2015). *Goals-based wealth management: An integrated and practical approach to changing the structure of wealth advisory practices*. Wiley; Chhabra, A. B. (2015). *The aspirational investor: Taming the markets to achieve your life's goals*. HarperBusiness).

이 목적별로 분리되어 있다면, 한 영역이 흔들려도 전체가 무너지지는 않는다. 생계비 자산은 안전하고, 중기 목표 자산은 기다릴 수 있으며, 장기 성장 자산은 계획대로 묵혀 두면 된다. 이런 구조는 불확실성 속에서도 투자자가 감정적으로 무너지지 않도록 버팀목이 되어 준다.

'삶을 바꾸는 투자'란 수익률의 문제가 아니다. 그 돈이 내 삶의 어떤 영역에 영향을 주는가, 어떤 구조를 바꾸는가의 문제다. "이 자산은 무엇을 위한 것인가?"라는 질문을 던지는 순간, 우리는 이미 구조적 투자자의 길 위에 서 있다. 이제부터라도 투자할 때마다 되물어야 한다. "이 수익은 내 삶의 어느 부분을 바꾸기 위한 것인가?" 그 질문에 답할 수 있을 때, 비로소 투자는 숫자가 아니라 삶의 전략이 된다.

제8부

지금 시작하는 돈의 루틴
— 일상 속 습관 만들기

제1장

하루 10분의 루틴이 평생을 바꾼다
─ 투자 루틴 만들기

1.1 아침 5분: 시장과 감정 체크

투자의 절반은 정보를 읽는 힘이고, 나머지 절반은 자신의 감정을 조절하는 힘이다. 아침의 5분은 이 두 가지를 동시에 점검할 수 있는 가장 효과적인 시간이다. 전날 뉴욕 시장이 어떻게 마감했는지, 주요 이슈가 무엇이었는지를 간단히 훑는 일만으로도 하루의 방향을 잡을 수 있다. 하지만 여기서 중요한 것은 숫자가 아니라 맥락이다. 'S&P500이 1% 하락했다'는 뉴스보다 '무엇이 시장 심리를 흔들었는가'를 보는 것이 중요하다.

이때 뉴스는 짧게, 요약된 형태로 확인하는 것이 좋다. 주요 경제

뉴스 앱이나 증권사 리포트 요약본을 3~5줄만 읽는 것으로 충분하다. 중요한 것은 내가 오늘 시장과 어떤 감정적 거리를 두고 시작하는가다. 뉴스를 보며 불안하거나 조급해진다면, 그 감정을 인식하는 것이 우선이다. 감정이 곧바로 매매 판단으로 연결되는 구조를 끊어내는 것이 '루틴'의 핵심이다.

이 아침 5분은 정보를 흡수하는 시간이 아니라, 내가 오늘 시장을 어떤 자세로 바라볼 것인지 결정하는 시간이다. 전날 보유 자산의 움직임이 심리적으로 영향을 줬다면, 오늘의 매매는 그 감정에 의해 왜곡될 수 있다. 그래서 이 시간에 짧은 질문을 스스로에게 던져야 한다. "나는 지금 차분한가?", "어제의 손실이나 수익에 흔들리고 있지는 않은가?"

많은 이들이 기술적 분석이나 수치 계산에는 시간을 들이지만, 정작 하루의 감정 상태는 돌아보지 않는다. 그러나 투자자의 오류는 숫자가 아니라 감정에서 시작되는 경우가 많다. 따라서 아침 5분은 단순히 시장을 읽는 시간이 아니라, 스스로를 돌아보는 훈련이다. 시장을 체크하고, 감정을 체크하라. 이것이 하루의 투자를 망치지 않는 가장 확실한 방어선이다.

1.2 저녁 5분: 투자 흐름 기록과 정리 습관

하루의 끝은 '정리'의 시간이다. 많은 사람들은 투자 결정을 할 때만 기록할 필요가 있다고 생각하지만, 실제로는 아무 일도 없던 날이 더 중요하다. 시장이 조용했던 날, 자산이 크게 변동하지 않았던 날, 별다른 매매를 하지 않았던 날에도 정기적인 기록 루틴이 필요하다. 바로 이 습관이 자산을 구조화하고, 감정을 통제하며, 투자 수명을 연장시킨다.

저녁 5분의 핵심은 숫자와 매도·매수에 관한 내용을 쓰는 것이 아니다. 내가 오늘 하루 투자에 어떤 감정을 느꼈는지, 시장과 나의 포트폴리오가 어떤 반응을 보였는지 간단히 메모하는 것으로 충분하다. 예컨대 "오늘 시장은 하락했지만 나는 매도 충동을 잘 눌렀다", "ETF 수익률이 빠졌지만 장기 전략에 영향을 주지 않는다"는 식의 감정 기반 정리가 핵심이다. 이것은 단순히 기록을 남기는 행위가 아니라, 자신의 투자 행동을 인지하고 조율하는 과정이다.

또한, 이 시간에는 주 1회 또는 월 1회의 포트폴리오 정기 점검 루틴을 병행할 수 있다. 오늘은 무엇을 사거나 팔지 않았더라도, 자산 구성의 균형은 유지되고 있는지 간단히 확인하는 것만으로도 리스크를 관리할 수 있다. 매일의 변화는 작더라도, 누적되는 흐름은 구조를 만든다. 그래서 루틴화된 기록이 곧 전략의 뿌리가 된다.

투자 흐름 기록은 반드시 복잡하거나 숫자 중심일 필요는 없다. 간단한 노트 앱, 구글 스프레드시트, 혹은 수기로 작성한 '자산 일기장'도 좋다. 중요한 것은 지속성이다. 매일 같은 시간에, 같은 방식으로 자신의 투자 현황과 감정을 마주하는 일. 투자의 감정 곡선을 평평하게 만드는 일상적 장치가 바로 이 5분에 담겨 있다.

1.3 나만의 '투자 다이어리' 만들기

 많은 사람들이 투자를 하면서도 정작 자신이 왜 그 판단을 했는지, 어떤 감정 속에서 결정했는지를 기억하지 못한다. 그래서 중요한 것은 단순한 수익률보다, 그 선택의 이유와 흐름을 기록하고 되짚는 구조다.

 이때 필요한 도구가 바로 '나만의 투자 다이어리'다. 이것은 단순한 거래내역 메모장이 아니다. 감정과 판단, 결과를 연결하는 프레임이자, 스스로를 되돌아보게 만드는 거울이다.

 이 다이어리는 성공한 투자보다 실패한 투자에서 무엇을 배웠는지를 더 깊이 이해하게 만들며, 외부 정보가 아닌 자신의 경험을 기준으로 전략을 설계하는 기반이 된다.

 하루의 투자 일지에는 단 세 가지 항목만 적어도 충분하다. 첫째, 오늘의 주요 의사결정 또는 관찰 포인트. 매수·매도 여부뿐 아니라 "현금 비중을 유지함", "매도 욕구를 눌렀음", "시장 관망" 같은 정서적 판단도 포함된다. 둘째, 그 판단에 영향을 준 감정 또는 정보. 예컨대 "미국 CPI 발표에 불안함", "유튜브에서 들은 조언에 흔들림", "지인의 매수 소식을 듣고 조급함" 등이 될 수 있다. 셋째, 스스로에 대한 한 줄 평가. "침착하게 대응함", "지나치게 낙관적이었음", "다시 리밸런싱을 고민해야겠다"와 같은 문장이 핵심이다.

투자 다이어리는 하루 단위가 원칙이지만, 일주일에 한두 번만 써도 효과는 크다. 중요한 것은 꾸준함이다. 투자에서 가장 흔한 실수는 시장의 변동이 아니라, 자신이 뭘 하고 있는지 모른다는 점에서 비롯된다. 투자 다이어리는 그 무지를 줄이고, 반복 가능한 자기 기준을 만든다.

형식은 자유롭지만, 문장으로 쓰는 것을 권한다. 숫자나 표는 정보를 남기지만, 생각은 남기지 않는다. "오늘 너무 많은 정보를 흡수했다. 오히려 판단이 흐려진 느낌이다" 같은 문장은 다음 투자 결정 시 강력한 참고 자료가 된다. 이 기록들이 쌓이면, 어느 순간 자기만의 투자 철학과 전략이 보이기 시작한다.

투자 다이어리는 '돈의 일기장'이 아니라 '자기 인식의 도구'다. 세상의 정보를 정리하는 것이 아니라, 자기 안의 판단 메커니즘을 정리하는 습관이다. 이 다이어리가 존재할 때, 투자자는 시장의 노이즈에 흔들리지 않고 자신의 중심에서 전략을 세울 수 있게 된다.

1.4 재무 루틴 설계 4단계: 관찰-기록-분석-피드백 (심화학습)

'재무 루틴'이란 돈을 잘 쓰고, 잘 모으고, 잘 불리는 일상 속 시스템이다. 많은 사람들은 돈이 부족해서가 아니라, 돈을 다루는 루틴이 없어서 재무적 문제를 겪는다. 이는 단순히 가계부를 쓰거나 예산표를 만드는 것이 아니라, 반복 가능한 행동 패턴을 만들고 거기서 학습이 이루어지도록 설계하는 작업이다. 이때 가장 효과적인 틀은 관찰-기록-분석-피드백의 4단계 구조다.

① **1단계: 관찰**

루틴은 관찰에서 시작된다. 자신이 돈을 어떻게 쓰고, 언제 감정적으로 반응하는지를 일상에서 '있는 그대로' 보는 것이 핵심이다. 이때 중요한 것은 판단이나 통제가 아니다. 단순한 관찰, 즉 "나는 아침마다 커피를 산다", "주말마다 충동지출을 한다"는 식의 의식적 인지가 재무 습관 교정의 첫 단추다. 이 과정은 마치 자신의 '재무 CCTV'를 켜는 것과 같다.

② **2단계: 기록**

관찰한 내용을 간단히 기록해야 루틴이 작동한다. 돈을 어디에 썼는지, 어떤 상황에서 그런 지출이 일어났는지를 메모하거나, 구글 시트에 날짜·지출 항목·감정 등을 기입하는 식이다. 이 기록은 단순히 숫자를 쌓는 것이 아니라, 의미 있는 정보를 쌓는 과정이다. "점심

값 1만 2천 원 — 동료 눈치를 보느라 원치 않는 식당 선택" 같은 문장은 수치보다 더 많은 것을 말해 준다.

③ 3단계: 분석

일주일 또는 한 달에 한 번, 기록된 데이터를 분석하는 시간을 가진다. 특정 지출 패턴이 반복되는지, 감정적 소비의 트리거는 무엇인지, 수입 대비 지출 구조가 어떻게 변하고 있는지 등을 파악한다. 여기서 필요한 것은 회계 지식이 아니라, 습관의 구조를 해석하는 눈이다. 이 분석이 있어야 비로소 루틴이 '나를 개선하는 도구'가 된다.

④ 4단계: 피드백

마지막 단계는 피드백이다. 분석을 바탕으로 다음 달의 행동 방침을 세운다. 예를 들어 "주말 외식 횟수를 줄이고, 대신 월배당 ETF 투자액을 늘린다"거나 "월초 고정비를 일괄 체크하고, 지출이 변하는 이유를 적는다" 같은 식이다. 이 피드백은 루틴을 정적인 기록이 아닌 살아 있는 전략으로 전환시킨다. 여기서 중요한 점은 완벽한 실행이 아니라, 반복 가능한 조정이다.

이 4단계는 단순해 보이지만, 장기적으로는 '돈을 다루는 태도'를 바꾼다. 특히 이 구조를 꾸준히 실천하는 사람은 투자든 소비든 외부 자극에 휘둘리지 않고 자기 시스템으로 반응할 수 있게 된다. 재무 루틴이란 결국, 돈보다 자기 자신을 다루는 방법을 정립하는 일이다.

제2장

돈보다 감정을 기록하라
— 투자·소비동기부 쓰는 법

2.1 "왜 샀는가?"를 되묻는 기술

투자의 본질은 '선택'이고, 그 선택에는 언제나 이유가 있다. 하지만 많은 사람들은 무엇을 샀는지는 기억해도, 왜 샀는지는 잊어 버린다. 이는 단순한 기억력의 문제가 아니다. 사람들은 대개 충동적으로 매수하고, 시간이 흐른 뒤 결과만을 놓고 판단하려 한다. 그러나 진짜 중요한 건 수익률이 아니라, 그 선택의 출발점이 논리적이고 일관성이 있었는가다.

이때 유용한 도구가 바로 '투자동기부'다. 투자동기부는 거래 전후에 스스로에게 "왜 이 자산을 샀는가?", "어떤 조건에서 팔 것인가?"

라는 질문을 던지고 기록하는 장치다. 단순해 보이지만, 이 과정을 통해 투자자는 감정과 정보, 판단을 분리해서 바라보는 훈련을 하게 된다. 예를 들어 "지인의 추천", "유튜브에서 본 급등 기대 종목", "장기 배당 전략에 부합" 같은 동기를 기록하면, 이후 평가 시 그 판단이 일관되고 전략적이었는지 확인할 수 있다.

또한, 이 질문은 매수 후 불안정한 심리를 다잡는 기준점이 된다. 시장이 출렁이거나 주가가 하락할 때, 투자자는 흔들리기 쉽다. 그러나 "나는 이 종목을 장기 배당 흐름을 보고 샀다"는 분명한 기록이 있으면, 단기적 손실에 휘둘리지 않을 수 있다. 즉, 투자동기부는 일종의 심리적 나침반이다.

이 습관은 특히 감정 기반 투자를 줄이는 데 탁월한 효과가 있다. 사람은 생각보다 자주, 정보보다 감정에 따라 투자 결정을 내린다. 따라서 "왜 이 자산을 샀는가?"를 기록하고, 나중에 되짚는 과정은 감정과 결과 사이의 인과관계를 탐색하는 훈련이 된다. 장기적으로 보면 이것이 투자 실력을 결정짓는 가장 중요한 습관 중 하나다.

"왜 샀는가?"라는 질문은 자신에게 던지는 '작은 피드백 루프'다. 단 한 줄이라도 좋다. "왜 샀는가?"에 대한 대답을 남기는 사람은, 시장이 아니라 자기 기준으로 투자하는 사람이다.

2.2 감정 기반 소비 분석 연습

많은 사람들이 "나는 돈을 계획적으로 쓴다"고 말하지만, 실제 소비의 상당 부분은 감정에 의해 좌우된다. 스트레스를 받을 때 쇼핑몰 앱을 켜거나, 외로움을 느낄 때 배달앱을 여는 행위는 단순한 소비처럼 보이지만, 그 이면에는 감정적 보상 심리가 작동하고 있다. 소비는 정보와 가격을 따지는 '이성적 행동'이라기보다, 감정을 달래는 반복적 반응인 경우가 많다.

이러한 소비 패턴을 인식하고 조절하기 위한 첫 단계는 기록과 분석이다. 단순한 가계부가 아니라, "이 소비를 하기 직전에 내가 어떤 감정이었는가?"를 메모하는 방식이다. 예를 들어, "배달음식 28,000원 — 퇴근 후 지쳐 있었고, 요리할 기운이 없었다" 또는 "의류 쇼핑 85,000원 — 오전 회의에서 기분이 상해 충동적으로 지름"처럼 감정의 맥락을 함께 기록하는 것이다.

이런 방식으로 한 달만 데이터를 축적해 보면 흥미로운 결과가 나온다. 반복되는 소비 항목에는 특정 감정이 연동되어 있음을 알게 된다. 스트레스 → 음식 소비, 외로움 → 온라인 쇼핑, 불안 → 보험 상품 탐색 등의 감정-소비 연쇄 반응 패턴이 드러나는 것이다. 이 과정은 자기 인식을 높이는 동시에, 지출의 무의식적 트리거를 인지하게 해준다.

그다음 단계는 '감정 기반 소비 대체 전략'을 세우는 것이다. 예컨대 스트레스를 느낄 때 배달앱 대신 15분 산책을 선택하거나, 충동구매 대신 미리 정해 둔 '기분전환용 저비용 소비(예: 커피 한 잔)'로 바꾸는 식이다. 이렇게 감정의 에너지를 전환하는 방법을 익히면, 소비 습관은 자연스럽게 변화한다.

감정 기반 소비를 분석한다는 것은 돈을 아끼는 훈련이 아니라, 자신을 더 잘 아는 과정이다. 감정을 인식하고 반응을 조절하는 사람만이, 소비에서도 투자에서도 주도권을 가질 수 있다.

2.3 소비 트리거 탐색법

우리는 돈을 쓸 때마다 논리적으로 판단한다고 믿지만, 실제로는 정해진 조건에서 반복적으로 작동하는 '소비 트리거'가 존재한다. 소비 트리거란 특정한 상황, 장소, 감정, 사람 등과 맞물려 자동적으로 소비 욕구가 유발되는 심리적 기폭제다. 마치 "비 오는 날엔 꼭 배달 음식을 시켜야 할 것 같다"거나 "급여일에는 괜히 지갑이 느슨해지는" 경험이 반복되는 이유다.

소비 트리거를 탐색하려면 먼저 자신의 지출 내역을 감정과 맥락 중심으로 되짚는 습관이 필요하다. 단순히 '언제, 어디서, 무엇을' 샀는지를 넘어, "무엇이 나를 그 소비로 이끌었는가?"를 질문해야 한다. 예를 들어, '출근길 커피'는 단순한 카페인의 문제가 아닐 수 있다. '업무 전 긴장감 해소', '출근의 보상심리', 혹은 '일상의 리추얼[51] 유지' 같은 심리적 동기가 개입되어 있을 수 있다.

이를 구체적으로 분석하기 위해 다음의 4단계 도식을 활용할 수 있다.

① 상황(시간·장소) → ② 감정 상태 → ③ 행동(소비) → ④ 소비 후 느낌.

예를 들어, "밤 11시 / 피곤하고 지침 / 야식 주문 / 잠깐 행복했지만 후회됨"이라는 패턴이 반복된다면, 해당 트리거는 '야간 피로 + 스트레스 해소 욕구'임을 알 수 있다. 이런 구조를 인식하는 것만으로도 자동 소비는 줄어들고, 의식적인 선택의 여지가 생긴다.

소비 트리거는 사람마다 다르고, 하나의 트리거가 다양한 소비 형태로 이어질 수도 있다. 어떤 이는 혼자 있는 시간에 소비가 폭발하고, 어떤 이는 특정 앱을 열기만 해도 지출이 시작된다. 이런 반복적인 트리거를 '내 돈을 흔드는 신호'로 명확히 인식해 두는 것이 중요하다.

돈을 아끼는 가장 강력한 방법은 '절약'이 아니라 '트리거 통제'다. 소비를 통제하는 것이 아니라, 그 시작점인 자극과 감정에 대한 인식을 선행시키는 것이 핵심이다. 트리거를 발견하면, 소비는 반응이 아니라 선택이 된다.

---

51) 리추얼(Ritual)은 의식, 의례들을 말하며, 종교적인 의식이나 규칙적으로 행하는 의례적인 일을 의미한다. 이는 습관과 유사하지만 중요한 것은 심리적 차이다. 리추얼은 의미 부여의 과정이 포함되어 있다.

2.4 감정-소비 연동 매트릭스 만들기 (심화학습)

우리는 감정에 따라 소비하고, 소비 후 또 다른 감정을 경험한다. 하지만 대부분 이 연결고리를 인식하지 못한 채 반복하며, 결국 돈은 감정의 회로 속에서 자동으로 흐르는 자원이 되어 버린다. 이때 감정과 소비의 관계를 시각적으로 분석하는 도구가 바로 '감정-소비 연동 매트릭스'다. 이 매트릭스는 자신이 어떤 감정에서 어떤 소비 행동을 하며, 그 결과 어떤 심리적 반응을 겪는지를 구조적으로 파악하게 해준다.

이 매트릭스는 다음과 같은 네 개의 열(Column)로 구성된다.

감정-소비 연동 매트릭스 예시

유발 감정	대표 소비 유형	소비 직전 심리 상태	소비 후 감정 변화
예: 외로움	온라인 쇼핑	지루함, 소외감	일시적 기분 상승 후 공허감
예: 스트레스	배달 음식	피로감, 보상 심리	만족 → 후회 → 죄책감
예: 불안	보험상품 검색	미래 걱정, 통제욕구	안정감 OR 더 큰 불안

이 매트릭스를 스스로 10건 이상 작성해 보면, 놀라울 정도로 반복되는 감정-소비 쌍(Pair)이 존재함을 알 수 있다. 특히 '감정은 다르지만 소비는 같다'거나, '같은 소비인데 감정 반응이 다르다'는 패턴

도 드러난다. 이 구조적 파악이 중요한 이유는, 소비를 줄이기 위함이 아니라 나의 감정 회피 전략을 인식하고 해소 방식의 다양성을 넓히기 위해서다.

이후에는 대응 전략도 함께 매핑할 수 있다. 예를 들어 외로움을 느낄 때 온라인 쇼핑 대신 산책, 글쓰기, 전화 통화 같은 대체 행동을 마련하거나, 스트레스를 받을 때 음식 외의 보상 수단(짧은 명상, 찜질, 유튜브 영상 감상 등)을 명확히 지정해 두는 것이다. 감정별 대체 전략까지 포함한 매트릭스를 구성하면, 이는 더 이상 단순한 소비 관리표가 아니라 심리적 자기 설계 도구가 된다.

투자에서 중요한 것은 데이터 분석이듯, 소비에서도 자신에 대한 데이터를 분석하는 것이 핵심이다. 감정과 소비를 연결 짓는 이 매트릭스는, 돈을 인식의 수단으로 전환시키는 시작점이다. 소비는 통제가 아니라, 패턴의 이해에서부터 시작된다.

제3장

월 1회 재무 리셋
— 포트폴리오 점검의 날

3.1 자동이체와 현금흐름 점검 루틴

많은 이들이 '재테크'를 어렵게 느끼지만, 실상은 매달 자신의 돈이 어디서 나오고 어디로 흘러가는지를 정기적으로 점검하는 습관만으로도 절반은 성공이다. 특히 월 1회의 '재무 리셋(Reset)' 루틴은 단순한 기록을 넘어, 지출과 투자, 절약과 소비 사이의 구조를 복기하는 과정이다. 그 출발점이 바로 자동이체와 현금흐름의 정기 점검이다.

자동이체는 편리함의 이면에 '무의식적 지출'이라는 함정을 숨기고 있다. 넷플릭스, 헬스장, 보험료, 각종 구독 서비스 등이 사용 여부와 무관하게 출금되며, 그 총합은 월 지출의 고정비 구조를 고착화시킨다. 따라서 매달 1회, 자동이체 항목을 명확히 정리하고 각 항목의 유효성과 우선순위를 재평가하는 것이 중요하다. '정말 필요한가?' '지금 이 가격이 합리적인가?' '대체 수단은 없는가?'라는 세 가지 질문이 핵심이다.

두 번째는 현금흐름 점검이다. 가계부보다 더 중요한 것은 입금과 출금의 흐름을 구조화해서 보는 것이다. 특히 비정기 수입(성과급, 이자, 포인트 전환 등)과 비정기 지출(병원비, 경조사비 등)은 루틴 점검 없이는 감지되지 않고 자산을 잠식하기 쉽다. 이때 '현금흐름표'를 단순화해 아래와 같이 작성해 보는 것도 좋은 방법이다.

- 총 수입: 급여, 투자수익, 기타
- 고정 지출: 주거비, 교통비, 통신비, 구독료 등
- 변동 지출: 식비, 쇼핑, 외식, 유흥 등
- 비정기 지출: 보험금, 병원비, 연회비 등
- 잔여 현금 및 이월 자산

이런 방식으로 한 달에 한 번 '돈의 지도'를 다시 그리면, 단순히 돈을 줄이는 것이 아니라 돈의 흐름을 주도하는 감각이 생긴다. 수입을 늘리지 않아도, 돈의 통로를 설계하는 것만으로 삶은 훨씬 가벼워질 수 있다.

재무 리셋은 더 많이 벌기 위한 준비가 아니다. 지금 가진 돈을 의식적으로 다루는 연습이며, 이는 장기적인 투자성과와도 연결된다. 루틴은 단순하지만, 그 안에 담긴 효과는 생각보다 강력하다.

3.2 연금 · ISA · ETF 계좌의 건강 진단

우리는 흔히 투자라 하면 주식 종목이나 코인 수익률에만 관심을 두지만, 장기적으로 자산을 지탱해 주는 기반 계좌들(연금, ISA, ETF)의 구조적 건강성을 점검하는 일은 훨씬 더 중요하다. 이 계좌들은 단순히 수익률을 위한 통장이 아니라, 세제 혜택, 리스크 분산, 장기 복리 효과라는 관점에서 설계되어야 한다. 그러나 많은 사람들은 이 계좌들을 한번 개설한 후 사실상 '방치'해 둔 채 수년을 보내곤 한다.

먼저 연금계좌(IRP나 연금저축)는 세액공제의 효과만 보고 가입한 경우가 많지만, 실제 운용 상품이 원금보장형에 치우쳐 있거나 수수료가 과도한 경우가 많다. 가입 후 한 번도 상품 변경을 안 했다면 그 자체가 점검이 필요하다는 신호다. 연금계좌는 매년 1회 이상 운용성과를 리뷰하고, 시장 흐름과 내 생애주기에 따라 상품 구성을 조정해야 한다. 특히 연금은 60세 이후 현금흐름의 핵심 통로이므로, 지금의 설계가 '20년 뒤 나의 현금흐름'을 결정한다는 점을 잊어선 안 된다.

ISA 계좌는 '만능 계좌'라 불리지만, 그 명칭이 함정이 될 수도 있다. ISA 안에 담긴 예금, 펀드, ETF 구성 비중을 들여다보면 비과세 혜택을 제대로 활용하지 못하는 경우가 많다. 예금만 담긴 ISA는 사실상 '세제혜택 없는 통장'에 불과하다. 연말마다 '과세이연 한도', '비과세 한도 소진율', '전체 수익률 대비 세후 실질수익'을 점검하는 루틴이 필요하다. ISA는 자산을 세금으로부터 지켜 주는 방패다. 방패를 들었으면, 공격도 설계해야 한다.

마지막으로 ETF 계좌는 가장 역동적이지만, 그만큼 방치되기 쉬운 구조다. 자동 매수에 의존하거나, 과거 성과에 기대어 장기 보유만 하는 경우 '구조적 리밸런싱'이 무너진다. 특히 경기 순환, 섹터별 흐름, 국가별 리스크 등을 반영하지 않은 ETF 포트폴리오는 낮은 비용이라는 장점에도 불구하고 성과가 정체될 수 있다. 매월 1회 이상 'ETF 보유 목적', '분산도', '수익률 대비 변동성', '현재 경제환경과의 적합성'을 기준으로 건강 상태를 체크하는 것이 바람직하다.

이 세 가지 계좌의 핵심은 '많이 담는 것'이 아니라 잘 담고, 꾸준히 가꾸는 것이다. 투자 성과는 종목보다 구조에서 나오고, 구조는 루틴에서 만들어진다. 계좌를 '관리하는 습관'은 돈을 '버는 실력'보다 오래간다.

3.3 월간 포트폴리오 보고서 쓰기

'월간 보고서'라고 하면 거창하게 느껴지고 기관 투자자들이 하는 복잡한 작업이라는 느낌이 들면서 꺼려질 수 있다. 그렇지만 본인의 재무상태를 간략히 한번 정리해 두고, 한 달에 한 번씩 점검하는 것으로 생각한다면 어렵지 않게 접근해 볼 수 있는 일이다. 예를 들어 현금, 주식, 채권, ETF, 연금, 부동산, 가상자산 등으로 나누고 얼마의 금액이 투자되어 있는지를 적어 본다. 실상 이 작업은 우리가 일상적으로 하고 있는 메모 수준으로 생각할 정도로 간단한 일이다.

이 간단한 작업은 의외로 큰 효과를 가져올 수 있다. 현재 나의 포트폴리오가 어떤 형태로 분산되어 있는지를 전반적인 시각에서 볼 수 있게 한다. 우리는 이 작업만으로도 지나치게 한쪽으로 치우친 구조나, 묻지마식 보유 현황을 자각할 수 있고, 총자산 대비 투자 비중도 직관적으로 알 수 있게 된다. 투자를 한다는 것은 단순히 돈을 굴리는 일이 아니라, 자신의 자산 구조와 투자 방향을 주기적으로 검토하고 재설계하는 과정이다. 이를 실현하는 가장 효과적인 방법 가운데 하나가 바로 '월간 포트폴리오 보고서'를 직접 써 보는 것이다. 이는 자신의 재무 상태를 스스로 설명하고 이해하는 훈련 도구다.

특히 최근 한 달간 자산 비중이 어떻게 달라졌는지에 관한 '변동 요인'과 함께 기록하면, 투자와 소비의 연동 구조까지 확인할 수 있다.

다음은 성과 요약과 해석이다. 각 자산군별 수익률을 계산하고, 이를 단순한 숫자가 아닌 투자 판단의 결과물로 해석해 보는 것이 중요하다. 예컨대 "미국 ETF 수익률이 3% 증가했지만, 환율 변동으로 실질 수익률은 1.5%에 불과"하거나 "리츠의 배당이 안정적으로 들어왔지만, 자산 평가액은 하락" 등의 설명을 붙이면 자신의 투자 결과를 입체적으로 바라보게 된다.

또한, 반드시 포함해야 할 항목은 이번 달의 투자 결정과 그 이유다. 매수 혹은 매도를 했든 안 했든, "왜 그렇게 했는가?", "무엇을 기준으로 판단했는가?"를 정리하면 자신의 의사결정 근거와 논리 구조를 점검할 수 있다. 이 과정을 반복하면, 감정적 반응이 줄고 전략적 판단이 늘어난다. 나만의 투자 철학은 말로 정리되는 것이 아니라 기록 속에서 자라난다.

마지막으로, 다음 달의 예상 변수와 대응 전략을 간략하게 작성한다. 경제 일정(금리 결정, 기업 실적 발표, 정책 변화 등)을 고려하여 "이런 상황이 오면 이렇게 대응하겠다"는 식의 조건부 전략 시나리오를 세우면, 불확실성 앞에서도 덜 흔들리는 태도를 유지할 수 있다.

'월간 포트폴리오 보고서'는 멋진 양식을 갖출 필요가 없다. 엑셀 파일 한 장, 노션 페이지(간단한 온라인 메모) 한 줄이어도 충분하다. 중요한 것은 '내가 돈의 흐름을 주도하고 있는가'라는 의식의 축을 잡는 것이다. 돈을 잃는 대부분의 이유는 잘못된 선택이 아니라, 선택 이후의 무관심 때문이다. 그리고 이 보고서는 그런 무관심을 가장 먼저 깨우는 도구다.

3.4 자산 리밸런싱 루틴 설계도 (심화학습)

리밸런싱은 투자 세계에서 가장 과소평가된 전략 중 하나다. 사람들은 종목을 고르고, 타이밍을 맞추는 데는 열중하지만, 정작 포트폴리오의 구조 자체를 조율하는 작업에는 무관심한 경우가 많다. 그러나 장기적으로 자산의 방향성과 안정성을 지켜 주는 건, 개별 투자보다도 주기적 리밸런싱의 시스템화다.

리밸런싱 루틴은 '관찰-기준 설정-분석-실행-점검'이라는 5단계 설계도로 구성할 수 있다.

먼저, 관찰 단계에서는 전체 자산 구성에서 어떤 항목의 비중이 지나치게 커졌거나 작아졌는지를 확인한다. 예를 들어 주식 비중이 예상보다 급격히 커졌다면, 이는 수익률 상승의 결과이자 동시에 위험의 집중을 뜻한다. 반대로 특정 자산군이 비정상적으로 축소되었다면 그 원인을 추적할 필요가 있다.

두 번째는 기준 설정 단계다. 이는 '내가 원하는 자산 비중'을 사전에 수치화해 두는 작업이다. 예컨대 주식 40%, 채권 30%, 현금 20%, 대체투자 10% 같은 비율을 정해 두면, 리밸런싱은 '그 기준으로 돌아가는 것'이라는 명확한 행동 지침이 된다. 기준 없이 리밸런싱을 하면 시장에 흔들릴 수밖에 없다.

세 번째는 분석 단계다. 단순히 비중을 맞추기 위해 매도·매수하는 것이 아니라, 현재의 경제 상황, 자산별 전망, 금리와 환율 등 외부 변수에 따라 '왜 지금 이 자산을 늘리거나 줄이는지'를 점검해야 한다. 이 단계에서 중요한 것은 '조정의 이유를 설명할 수 있느냐'이다. 리밸런싱은 단순 수치 조정이 아니라, 위험 조정 수익률을 높이기 위한 전략적 재배치다.

네 번째는 실행 단계이며, 여기서는 수수료, 세금, 환율 등을 고려하여 구체적인 조정 방안을 실행한다. 예를 들어 ETF를 매도할 경우 세금 이슈가 있는지, 특정 자산군은 분할 매수로 진행해야 할지 등을 실질적으로 결정해야 한다. 또한, 자동이체 설정을 바꿔 정기적으로 비중을 조절하는 자동 리밸런싱 구조를 갖추는 것도 좋은 방법이다.

마지막은 점검 단계다. 리밸런싱의 효과는 '실행 이후'에 드러난다. 리밸런싱 직후 수익률이 떨어질 수 있어도, 장기적으로는 변동성을 낮추고 회복탄력성을 높이는 데 기여한다. 따라서 매 분기 또는 반기별로 리밸런싱의 결과를 리뷰하고, 설계도 자체를 업데이트하는 루틴이 필요하다.

자산 리밸런싱은 한 번의 행동이 아니라, 반복 가능한 습관화된 전략 구조다. 그리고 이 구조는 투자 성과만이 아니라, 불안하지 않은 마음과 균형 잡힌 재무 삶을 함께 만들어 낸다. 실수를 줄이고, 감정을 통제하며, 구조를 믿게 하는 힘. 그것이 바로 리밸런싱의 진짜 가치다.

제4장

소비를 자산으로 바꾸는 실전 루틴
— 자동화와 피드백 구조 만들기

4.1 고정비 구조표 리셋 루틴 — 매월 소비 자동화 점검

우리가 지출을 통제하지 못하는 가장 큰 이유는 소비가 자동화되어 있기 때문이다. 매달 같은 날, 같은 금액이 카드에서 빠져나가고, 그것은 생각조차 없이 반복된다. 넷플릭스, 통신요금, 정기배송, 헬스장, 교육 플랫폼 구독료까지. 이 자동화된 소비 구조는 편리하지만 동시에 돈의 흐름을 인지 불가능한 상태로 고착화시킨다.

소비를 투자로 바꾸는 첫걸음은 이 흐름을 강제로 가시화하는 것이다. 월 1회의 루틴을 설정하고, 고정비 구조표를 재작성하는 습관이 필요하다. 단순히 '지출을 줄이자'는 다짐이 아니라, 구조 자체를 다시 그려 보는 것이다.

① 고정비 구조표: 자동화 소비의 청사진

고정비 구조표란, 매달 정기적으로 발생하는 지출 항목들을 정리한 표다. 보통은 다음과 같은 구성으로 만든다.

월 고정비 및 투자 전환 가능성 점검

구분	항목	월지출액	필요성 평가	투자 전환 가능성
주거	월세/관리비	80만 원	고정	없음
통신	휴대폰 요금	7만 원	고정	관련 ETF 투자 가능
콘텐츠	넷플릭스·유튜브 프리미엄	2만 원	재검토	관련 ETF 투자 가능
교육	에듀테크 플랫폼	5만 원	고정	교육 ETF 검토 가능
건강	헬스장·건강식 정기구독	10만 원	고정	헬스케어 ETF 가능

이 표는 현재의 자동화된 지출 흐름을 드러냄과 동시에, 각 항목을 '그대로 유지할 것인가', '줄일 것인가', '투자 흐름과 연결할 수 있는가'를 판단하는 프레임 역할을 한다.

② 루틴화된 점검이 중요한 이유

고정비 구조표는 1년에 한 번 그려 두고 끝나는 것이 아니다. '월 1회 리셋 루틴'으로 계속 점검해야 한다. 다음과 같은 방식으로 실행 루틴을 구성할 수 있다.

- 매월 1일 오전: 전월 카드 내역 다운로드 → 고정비 항목 필터링
- 고정비 구조표 업데이트: 신규 발생 항목, 해지된 항목, 예정보다 많거나 적은 지출 확인
- '소비-투자 연동 가능성' 점검: 새롭게 투자 가능한 소비 항목 탐색
- 불필요한 구독 해지 및 조정 요청: 가계부 앱이나 구독 관리 앱 활용

이 루틴은 단순한 기록이 아니라 소비-자산화 구조의 기초 설계도가 된다.

정기 점검은 나의 소비 인플레이션을 막는 중요한 장치이기도 하다. 소득이 늘면 지출도 늘어난다는 '라이프스타일 인플레이션'은 대부분 정기 결제 항목의 은밀한 증가로 발생한다. 교육 플랫폼을 하나 더 추가하고, OTT[52]를 한두 개 더 구독하며, 커피 정기배송까지

---

52) OTT 서비스(Over-The-Top media service)는 인터넷을 통해 방송·영화·교육 등 각종 미디어 콘텐츠를 제공하는 서비스이다.

늘어나는 식이다.

③ 소비의 자동 흐름을 투자로 바꾸는 출발점

중요한 것은 '절약'이 아니라 '전환'이다.

이 고정비 구조표를 통해 확인한 소비 항목이 ETF, 주식, 리츠 등과 연결 가능하다면, 그 금액의 일부라도 자동 투자 흐름으로 전환할 수 있다. 예를 들어, 매달 콘텐츠 구독에 3만 원을 쓰고 있다면, 해당 섹터 ETF에 1만 원만 자동이체 설정해도 돈의 흐름은 바뀌기 시작한다.

소비는 자동화되어 있는데 투자는 매번 고민해야 한다면, 구조의 불균형이 발생한다. 투자 역시 자동화되어야 소비 흐름과 균형을 이룰 수 있다.

바로 이 고정비 구조표 리셋 루틴이 그 균형의 첫 단추다.

4.2 소비-ETF 연결의 실패 유형 분석 — 연결 착각 피하기

"나는 매달 스타벅스에 돈을 쓰니까, 그 주식을 사면 좋겠지."
"요즘 AI에 관심이 많으니, AI ETF를 사 두면 되겠어."

이런 소비-투자 연결은 처음에는 그럴듯해 보인다. 친숙하고, 내가 잘 알고 있다는 안도감을 준다. 그러나 실제 투자 성과와 지속 가능성은 전혀 다른 이야기다. 소비 기반 투자 전략은 잘못 연결되면 오히려 리스크가 커진다.

이 절에서는 실제 투자자들이 흔히 빠지는 소비-ETF 연결의 착각과 실전 실패 사례를 바탕으로, 실질적 판단 기준을 제시한다.

○ 실패 유형

① 실패 유형 1: '한 번 소비'를 기반으로 투자한 경우

☑ 사례

"전기차를 한 번 시승해 보고 너무 인상 깊어서, 전기차 회사 주식을 바로 샀다. 그런데…."

많은 초보 투자자들은 단발성 경험을 과신해 그 산업 전체에 투자하려 한다. 하지만 일회성 소비는 지속 가능한 수요 패턴이 아니다. 투자는 구조를 사는 것이지, 감정을 사는 것이 아니다.

☑ 해결 방법

반드시 3~6개월간의 소비 데이터로 투자 판단을 검증하라. 카드 명세서나 정기지출 내역을 통해 반복 소비 항목만 투자 후보로 설정한다.

② 실패 유형 2: "좋아한다"는 이유로 선택한 고위험 테마 ETF

☑ 사례

"나는 메타버스를 좋아하니까 관련 ETF를 샀는데…. 1년째…."

좋아하는 테마와 투자 수익성이 높은 산업은 다르다. 메타버스, NFT, 블록체인, AI 등은 강한 스토리를 가지지만, 대부분은 매출보다 미래 기대에 의존하는 고변동 테마다. 소비 기반 투자라고 해서 모든 소비 연계 ETF가 안전한 것은 아니다.

☑ 해결 방법

테마 ETF를 고를 땐 기초 자산 구성, 운용보수, 시가총액, 수익률 변동성을 반드시 확인한다. "ETF가 어떤 종목들로 구성되어 있는가"를 반드시 점검할 것. 이름만 보고 사는 것은 위험하다.

③ 실패 유형 3: 연결은 했지만 '투자금 규모'가 너무 작거나 비정기적인 경우

☑ 사례

"매달 유튜브 프리미엄을 쓰고 있어서 구글 ETF를 샀는데, 한 번만 5만 원 넣고 끝이었다."

소비와 투자 사이에 연결만 되어 있을 뿐, 규모와 빈도라는 두 핵심 요소가 결여된 경우다. 이 전략은 "나도 하고 있다"는 착각을 줄 수 있지만, 실질적인 자산 구조로 발전하지 못한다.

✔️ 해결 방법

소비 항목의 일정 비율(예: 20%)을 정기적으로 ETF에 자동 투자하도록 구조화해야 한다.

예: 넷플릭스 구독료 1.5만 원 → 커뮤니케이션 ETF에 월 1.5만 원 자동이체

④ 실패 유형 4: 연결은 했지만 산업의 구조와
   ETF의 구성 종목이 불일치

✔️ 사례

"나는 스타벅스를 매일 가는데, 소비재 ETF를 샀다. 그런데 알고 보니 스타벅스는 그 ETF에 안 들어 있다."

ETF는 이름과 실제 구성 종목이 다를 수 있다. 소비자 관점에서는 "같은 업종"이라고 생각해도, ETF에서는 지수 편입 기준과 시장 규모, 운용 전략에 따라 완전히 다른 종목으로 구성된다.

☑ 해결 방법

ETF를 선택할 때 반드시 구성 종목 상위 10개를 확인하고, 자신의 소비 패턴과 일치하는지 점검한다. ETF의 설명서나 자산운용사 홈페이지에서 정확한 구성 정보를 확인할 것.

○ 연결 전략의 필수 체크리스트

소비-ETF 전략을 실전에서 적용하려면, 다음의 체크리스트로 점검 루틴을 만들어야 한다.

소비-ETF 연결 전략 체크리스트

항목	체크
① 최소 3개월 이상 반복된 소비 항목인가?	
② ETF 구성 종목에 내가 실제 소비한 기업이 포함되어 있는가?	
③ 소비 항목과 ETF의 산업군 구조가 일치하는가?	
④ 정기적, 자동적인 투자 흐름이 구축되어 있는가?	
⑤ 테마 ETF일 경우 고변동성과 구성 비율을 인지하고 있는가?	

소비 기반 투자 전략은 '자기 삶과 자산의 연결성'을 높여주는 장점이 있다. 그러나 연결을 착각하면, '감정적 소비의 연장선에서 투자

까지' 감정화되는 위험도 따른다. 이 절에서 확인한 실패 유형을 피하는 것이야말로, 생활기반 투자 루틴의 두 번째 핵심이다.

4.3 소비-자산 연동 자동화 시스템 만들기
— 앱과 루틴의 결합

"소비는 자동인데, 투자는 왜 매번 결심이 필요할까?"

이 질문은 지금 우리 재무 루틴의 가장 근본적인 비대칭을 드러낸다. 넷플릭스, 통신비, 구독 서비스는 자동결제가 되는데, ETF나 주식 투자는 번번이 앱을 열고, 타이밍을 고민하고, 결정을 해야만 한다. 이 불균형은 결국 투자를 지속하지 못하게 만드는 핵심 요인이다.

소비가 자동화되어 있다면, 투자도 자동화되어야 한다.

이 절에서는 소비-자산 연동 구조를 디지털 도구, 자동이체, 정기점검 루틴을 통해 어떻게 설계할 수 있는지를 구체적으로 안내한다.

○ 정기점검 루틴

① STEP 1: 소비 흐름 진단용 앱 또는 시트 구축

우선, 나의 소비 패턴을 체계적으로 추적할 수 있는 도구가 필요하

다. 대표적인 방법은 다음과 같다.

☑ 가계부 앱 활용(예: 뱅크샐러드, 토스, 핀크 등)
- 소비 항목 자동 분류, 반복 지출 식별 가능
- 구독 관리 기능, 월별 카테고리 시각화

☑ 구글 스프레드시트 기반 소비 분석표 작성
- 주요 항목: 날짜 / 항목 / 금액 / 산업군 분류 / 투자 연계 가능성
- 소비-ETF 연동 여부 칼럼 추가

☑ 예시

| 소비-ETF 연동 분석표 |

날짜	항목	금액	산업군	연동 ETF	투자 실행
6/3	유튜브 프리미엄	11,900원	커뮤니케이션	VOX(미국)	O
6/7	헬스장	70,000원	헬스케어	XLV(미국)	O
6/9	네이버페이	22,000원	플랫폼	국내 운용사 K인터넷	△

② STEP 2: 자동이체 기반 투자 흐름 설정

이제 이 소비 흐름을 기반으로 한 정기 투자 루틴을 만든다. 여기

에는 두 가지 방식이 있다.

☑ 증권사 자동이체 설정
- 예: 신한, KB, 미래에셋, 삼성증권 등에서 월 1회 특정 ETF를 자동매수
- 소비 금액의 일부(10~20%)를 기준 설정

☑ 신용카드 자동결제 대비 투자 루틴 연동
- 예: 넷플릭스 결제일 = VOO 매수일
  통신요금 납부일 = K커뮤니케이션 매수일

☑ 실전 매핑 예시

소비-투자 자동이체 연동표				
소비 항목	월 소비액	연동 ETF	월 투자액(20%)	자동이체 일자
콘텐츠 구독	20,000원	미디어&엔터	4,000원	매월 5일
통신비	60,000원	통신서비스	12,000원	매월 10일
헬스장	70,000원	헬스케어	14,000원	매월 20일

③ STEP 3: 월 1회 '연동 점검 루틴' 만들기

자동화된 투자 흐름도 관리하지 않으면 흐지부지된다. 아래와 같

은 루틴으로 매달 소비-투자 정렬 상태를 점검한다.

- 월 1회: 고정비 구조표 갱신
- ETF 자동이체 실행 확인(계좌 잔액 부족 등 오류 여부)
- 소비 흐름 변화 분석(새 소비 항목 발생 여부)
- 산업군과 ETF 수익률 변화 체크(리밸런싱 필요 여부)

이 루틴은 단순한 점검이 아니라, 소비 흐름과 자산 흐름이 얼마나 조화롭게 연결되고 있는지를 측정하는 자가 진단 시스템이 된다.

○ 시스템 구축의 핵심은 '의사결정 제거'다

진짜 지속 가능한 시스템은 생각을 줄이는 시스템이다. 소비를 위해 결제 앱을 켜고, 투자 결정을 고민하고, 무슨 ETF를 살지 매번 검색해야 한다면, 이 구조는 오래가지 않는다.

- 소비: 자동화되어 있고 무비용
- 투자: 의사결정이 필요하고 피로감 유발

이 간극을 좁히려면, 소비만큼 투자도 자동화되어야 한다. ETF 자동이체, 반복 소비의 분류 자동화, 고정비 구조표의 시트화는 모두

이 목표를 위한 도구들이다.

○ "사는 대로 투자하고, 투자한 대로 산다"는 구조

이 시스템은 단순히 자산을 늘리는 전략이 아니다. 그것은 소비와 투자라는 두 개의 흐름을 하나로 엮는 인생 루틴이다. 우리는 이미 매달 소비를 하며 기업에 돈을 주고 있다. 이제 그 기업의 주식을 사는 것으로, 그 돈의 일부를 자산으로 되돌려받는 루프를 설계할 수 있다.

이것이 바로 '사는 대로 투자하고, 투자한 대로 사는' 삶의 첫 단추다.

4.4 반복지출 리디자인 툴킷
— 소비→자산 흐름을 시각화하기 (심화학습)

반복지출은 단순한 돈의 낭비가 아니다. 오히려 그것은 가장 예측 가능한 재무 흐름이며, 자산 설계의 출발점이 될 수 있다. 문제는 이 흐름을 읽지 못하고, 자산과 연결하지 못한 채 흘려보내고 있다는 점이다.

이번 절에서는 반복지출을 시각화 가능한 구조로 정리하고, 이를 기반으로 자산화 전략을 지속적으로 실행할 수 있는 개인 재무 설계

툴킷을 제안한다.

○ 반복지출 리디자인의 4단계 프레임워크

이 모델은 반복지출을 자산 설계로 전환하기 위한 구조화 단계다.

소비 흐름-투자 구조 전환 4단계

단계	내용	핵심 도구
① 소비 흐름 인식	고정비·반복비 구분, 3개월 명세서 분석	소비 구조표, 자동 분류 앱
② 소비-산업군 매핑	각 소비 항목을 관련 산업군과 ETF에 매핑	소비-ETF 맵핑 시트
③ 정기 투자 자동화	반복 소비에 비례한 정기 ETF 투자 구조 설정	증권사 자동이체, 시트 자동화
④ 루틴화 + 피드백	월별 점검 루틴과 자산화 진척도 측정	포트폴리오 리포트 양식

이 프레임워크는 단기적 절약이 아니라, 소비 흐름의 리디자인을 통한 중장기 자산 구조 전환을 목표로 한다.

① [툴킷 구성 1] 소비-자산 맵핑 시트(예시 포함)

아래는 소비 흐름을 산업군과 투자 수단으로 연결하는 구조화된

시트 예시다.

소비 흐름-투자 연결 시트

항목	월 소비액	산업군	대표 기업/ETF	투자 여부	투자 설정 금액
통신비	70,000원	통신 서비스	통신서비스 ETF	아니오	-
콘텐츠 구독	20,000원	미디어·엔터	콘텐츠 ETF	예	4,000원
교육비	80,000원	에듀테크	글로벌 교육 ETF	예정	0원
커피·외식	100,000원	소비재	S&P 소비재 ETF	예	14,000원

이 시트를 작성하면, 어떤 소비가 아직 자산과 연결되지 않았는지, 실제 연결된 투자 흐름은 어느 정도인지를 한눈에 파악할 수 있다.

② [툴킷 구성 2] 월간 소비-자산 리포트 양식

매달 한 번, 소비와 투자 연결 상태를 점검하는 리포트 루틴을 만들면 실행 지속성이 크게 높아진다.

 예시 항목

- 총 소비 금액 대비 투자 전환 비율(%)
- 신규 연결 소비 항목
- ETF 수익률 변화 및 포트폴리오 리밸런싱 필요성
- 소비 습관 변화 요약(예: 교육비 증가, 커피 소비 감소)
- 다음 달 구조조정 예정 항목

✅ 예시
- 6월 한 달 동안 총 소비액 210만 원 중, 투자 전환된 금액은 36만 원(17.1%)
- 신규 항목: 뉴스레터 유료 구독 → 미디어 ETF 연계 계획
- 통신 ETF 수익률 -2.5%, 커뮤니케이션 ETF +3.1% → 유지
- 다음 달 교육비 급증 예상, 예산 재분배 예정

이 리포트는 단지 기록이 아니라, 행동과 자산을 연결해 주는 피드백 시스템이다.

③ [툴킷 구성 3] 소비-투자 연결 시각화 매트릭스

시각화는 감각과 사고를 동시에 움직이게 만든다. 소비-투자 흐름을 시각적으로 연결하는 매트릭스형 도표는 반복 습관 형성에 효과적이다.

소비 영역별 투자 연동 진단표

소비 영역	소비 빈도	자동결제 여부	투자 연결 여부	자산화 점수 (1~5)
통신비	매월 고정	예	예	5
콘텐츠 구독	매월 고정	예	예	4
식비	매일 변동	아니오	아니오	2
의류비	계절별	아니오	미연결	1

자산화 점수 기준표(1~5점)

점수	기준	해석
5점	소비 항목이 ETF나 주식 등 자산과 정기적으로 자동 연결되어 있고, 그 흐름을 월간 리포트로 점검하고 있다	완전 자동화 구조, 자산화 완료 상태
4점	소비 항목이 특정 자산과 연결되어 정기 매수는 하고 있으나, 자동화는 되지 않았고 수동적 실행 중	구조는 있으나, 실행은 반자동
3점	해당 소비 항목이 연결 가능한 산업군과 ETF를 인지하고 있지만, 아직 실제 투자가 실행되지 않음	계획만 있는 상태
2점	소비 항목이 산업군 연결이 모호하거나, 연계할 자산이 불명확, 투자 수단 자체가 없음	자산화 대상이긴 하나, 구조 미정
1점	소비 항목이 비정기적이고, 자산으로의 연결도 불가능하거나 불필요(예: 사행성 소비, 일회성 이벤트 소비 등)	자산화 비대상 소비

이 매트릭스를 3개월 단위로 업데이트하면서 점수를 추적하면, 소비 습관의 진화와 자산화 진행 정도를 정량적·정성적으로 동시에 확인할 수 있다.

○ "소비의 흔적을 남기는 자산 구조"가 필요하다

 반복지출을 자산으로 바꾸는 핵심은 '흔적'이 남는 돈 구조를 만드는 것이다. 우리가 소비만 하고 흔적이 남지 않으면, 다음 달에도 같은 지출을 반복하게 된다. 그러나 그 지출에 대응하는 ETF 잔고, 리포트 기록, 포트폴리오 변화가 남아 있다면, 그것은 이미 구조적 자산으로 전환되기 시작한 것이다.

 돈은 한 방향으로만 흐르지 않는다. 당신의 소비가 누군가의 수익이 되었다면, 이제는 그 수익을 당신의 자산으로 되돌아오게 만드는 순환 구조를 설계해야 한다.

 그 구조의 시작이 바로 이 리디자인 툴킷이다. 도구가 체계가 되고, 체계가 루틴이 되면, 소비는 더 이상 사라지는 비용이 아니라 축적되는 구조가 된다.

에필로그

흐름을 바꾸는 사람.

이 책을 다 읽은 지금, 당신은 아마도 '돈이 없다'는 말이 완전히 틀린 말은 아니라는 점, 그러나 진짜 핵심은 '돈이 어디로 흘러가는가'를 이해하는 데 있다는 사실을 느꼈을 것이다. 돈은 사라지는 것이 아니라, 흘러간다. 우리는 늘 돈이 줄어든다고 말하지만, 실은 그 흐름의 출구에만 서 있었던 것이다. 이제는 그 방향을 바꿔야 할 때다.

우리는 이 책을 통해 단순히 상품이나 종목을 나열하지 않았다. ETF, 리츠, 연금저축 같은 도구들은 그저 수단일 뿐이다. 진짜 전략은 그 위에 놓인 구조를 이해하고, 그 구조에 스스로를 올리는 데 있다. 당신은 돈을 쓰는 사람에서, 흐름을 설계하는 사람으로 이동할 수 있다. 소비자에서 투자자로, 지출자에서 자산 설계자로 바뀌는 길은 생각보다 가까이에 있다.

중요한 것은 태도다. 매달 반복되는 통신비, 커피값, 구독료, 교육비. 우리가 지불하는 이 고정비들은 모두 누군가의 수익이 되었고, 자산이 되어 돌아갔다. 그렇다면 왜 그 흐름을 자신에게 유리하게 만들지 않는가. 돈을 더 벌거나 무조건 아끼는 것이 아니라, 이미 쓰고 있는 돈의 구조를 바꾸는 것이다. 그것이 이 책의 핵심 메시지다.

더 나아가, 우리는 투자 심리와 감정, 루틴과 습관까지 함께 다루었다. 돈은 숫자의 문제가 아니라 감정의 문제이기도 하다. 우리는 왜 같은 실수를 반복하는가, 왜 계획 없이 투자하는가, 왜 버는 것보다 지키는 것이 더 어려운가 — 그 모든 질문에 답하려 했다. 결국 투자는 삶의 구조를 다시 짜는 일이고, 일상의 감정을 관리하는 일이기도 하다.

이제 남은 것은 선택이다. 과거처럼 무심히 돈을 쓰며 살 것인지, 아니면 돈이 흘러가는 구조를 읽고, 그 흐름 위에 자신을 올려놓을 것인지. 매일 10분의 루틴, 한 달에 한 번의 점검, 그리고 자신만의 포트폴리오와 투자 다이어리를 설계하는 습관. 그 작지만 반복되는 실천이 당신의 돈을 바꾸고, 삶을 바꿀 것이다.

돈은 여전히 흘러간다. 누군가는 그 아래에서 계속 지출하고, 누군가는 그 위에서 자산을 쌓는다. 그리고 또 누군가는 흐름 자체를 설계한다. 당신은 이제 그 흐름 위에 설 수 있다. 흐름은 주어지는 것이 아니라, 이해하고 구성하는 것이다. 당신이 소비한 모든 것들이 결국 당신의 자산이 되는 길, 그 구조를 설계할 수 있다는 확신이 이 책이 전하고자 한 단 하나의 메시지다.

돈은 사라지지 않는다. 흐른다. 그리고 그 흐름은, 바꿀 수 있다.